Starke
FRAUEN
IN RHEIN-MAIN

Wartberg Verlag

Starke
FRAUEN
IN RHEIN-MAIN

Wartberg Verlag

Bildnachweis

S. 8 wikipedia, S. 9 wikipedia (NEUROtiker), S. 10 wikipedia, S. 13 Archiv der Autorin, S. 14 ullstein bild (histopics), S. 19 ullstein bild, S. 22 ullstein bild (ADN-Bildarchiv), S. 25 wikipedia, S. 27 ullstein bild (Loescher & Petsch), S. 30 Clara-Viebig-Zentrum, Eisenschmitt, S. 33 Institut für Stadtgeschichte Frankfurt/Main, S. 34 wikipedia, S. 38 ullstein bild (imagno), S. 39 und 40 Musikverlag Schott, Mainz, S. 42 wikipedia, S. 45 aus: Irene Corbach: Sophie Sondhelm und die Kölner Jüdische Kinderheilstätte Bad Kreuznach, S. 47 ullstein bild (Zander & Labisch), S. 48 Initiative Stolpersteine Frankfurt/Main, S. 51 wikipedia (Bachrach 44), S. 53 ullstein bild, S. 56 ullstein bild, S. 59 Wolfgang-Koeppen-Archiv der Universität Greifswald, S. 61 Benediktinerinnenabtei Sankt Maria, Fulda, S. 64 ullstein bild (dpa), S. 67 privat, S. 68 und 69 Wolfgang Metz, S. 72 ullstein bild (Röhnert), S. 74 ullstein bild (Rex Features/ Universal/Kobal/Shutterstock), S. 76 und 77 privat, S. 79 Deutsches Kabarett-Archiv, S. 80 und 81 privat, S. 83 privat, S. 86 privat, S. 88 privat, S. 89 ullstein bild (INSADCO/Bernd Kroeger), S. 91 privat (Fotograf: Detlef Miethke), S. 93 ullstein bild (imagebrocker/Karsten Jeltsch), S. 96 privat (Fotograf: Steffen Henkel).

Textnachweis

Die Zitate im Text über Rosette Dorothea Ritter entstammen: Wir, Wilhelm von Gottes Gnaden. Die Lebenserinnerungen Kurfürst Wilhelms I. von Hessen 1743 – 1821 Seite 182/183 aus: Hessische Biografien.
Das Zitat am Anfang des Textes über Ida Coblenz-Dehmel entstammt ihrer Rede anlässlich der Gründung der Gedok, 1927.
Das Zitat am Anfang des Textes über Melanie Michaelis entstammt der „Allgemeine Musikzeitung vom 16. März 1917".
Das Zitat am Anfang des Textes über Lieselotte Dieckmann entstammt: L. Dieckmann „Hieroglyphics. The history of a literary symbol. WUP, St. Louis 1970.

1. Auflage 2019
Alle Rechte vorbehalten, auch die des auszugsweisen
Nachdrucks und der fotomechanischen Wiedergabe.
Gestaltung und Satz: r2 • www.ravenstein2.de
Druck: Druck- und Verlagshaus Thiele & Schwarz GmbH, Kassel
Buchbinderische Verarbeitung: Buchbinderei S. R. Büge, Celle
© Wartberg-Verlag GmbH
34281 Gudensberg-Gleichen • Im Wiesental 1
Telefon: 056 03/9 30 50 • www.wartberg-verlag.de
ISBN 978-3-8313-3248-9

INHALT

VORWORT

Dieser Band stellt Frauen aus dem Rhein-Main-Gebiet unterschiedlichster Herkunft und aus vier Jahrhunderten vor. Viele wirkten weit über ihre Lebenszeit hinaus. Sie weisen sich als starke Frau aus, eine jede auf ihre Art, verkörpern Lebensentwürfe, denen allen ein Aufbruch innewohnt. Irgendwann verließen sie den vorbestimmten Pfad – auch wenn es ein „Holzweg" war, den sie eingeschlagen hatten.

Um die Lebenswege der Frauen angemessen beurteilen zu können, war es nicht unwichtig, die Bedingungen zu kennen, unter denen sie gelebt und gewirkt haben. Da war nicht immer eitel Freude. So finden sich neben etablierten Künstlerinnen, auch schillernde Persönlichkeiten oder Vagantinnen, die gesellschaftlich ausgegrenzt, sich behaupten mussten.

Allen gemeinsam ist: Sie haben im Gebiet der Metropolregion Rhein-Main gelebt – oder sind dort geboren und aufgewachsen.

MONIKA BÖSS

JOHANNA ELEONORA PETERSEN

(1644–1724)

THEOLOGISCHE SCHRIFTSTELLERIN UND FÜHRUNGSGESTALT DES RADIKALEN PIETISMUS

„Die Furcht des Herrn hat mich bewahret und seine Güte und Treue hat mich geleitet, welcher allein sei Lob, Ehr und Preis."

Johanna Eleonora Petersen wurde als Tochter des Hofmeisters Georg Adolph von Merlau und dessen Ehefrau Sabina, geborene Ganß von Utzberg, in Frankfurt am Main geboren, wohin es die Familie in den Wirren des Dreißigjährigen Krieges verschlagen hatte. In gesellschaftlicher Undeutlichkeit verschwindend, gehörten niedere Adelsgeschlechter wie die Familie derer von Merlau zu den Verlierern der Epoche des Absolutismus.

Johanna Eleonora wurde aus Versorgungsgründen Hofjungfer der Gräfin Eleonora von Solms-Rödelheim. Gut soll es ihr in dieser Stellung nicht ergangen sein. Sie wechselte bald in die Dienste der Herzogin Anna Margarete von Schleswig-Holstein-Sonderburg-Wiesenburg. Häufig begleitete sie die Familie auf Reisen und nahm an den höfischen Festlichkeiten teil. Letzteres widersprach allerdings ihrer ausgeprägten Frömmigkeit, die weltliche Vergnügungen ablehnte. Dennoch blieb sie 14 Jahre im Dienst der Herzogsfamilie von Schleswig-Holstein-Sonderburg, die sich 1664 auf der Wiesenburg bei Zwickau niedergelassen hatte.

Zwei Männer warben in dieser Zeit ernsthaft um sie. Mit dem Sohn des Oberstleutnants von Brettwitz war sie verlobt, bis dieser die Verbindung auflöste. Ein anderer Kandidat, der Geistliche Johann Winckler, wurde von ihrem Vater abgelehnt. Zwischenzeitlich hatte sie auf einer Reise die führenden Frankfurter Pietisten Philipp Jakob Spener und Johann Jakob Schütz kennengelernt, woraus sich eine umfangreiche Korrespondenz entwickelte.

Die Zeit als Kammerfräulein endete als sie nach dem Tod der Stiefmutter kurzzeitig im Haushalt ihres Vaters gebraucht wurde. Danach siedelte sie nach Frankfurt über, wo sie bei der jungen Witwe Maria Juliane Baur von Eyseneck auf dem Saalhof lebte.

Seit 1676 versammelten die beiden Frauen im Saalhof ein Collegium, um gemeinsam „unter Abkehr vom sündigen Wesen der Welt ein christliches Leben einzuüben". In den Zusammenkünften traten bald Tendenzen zur Separation von der Amtskirche auf, was Johanna Eleonora beinahe die Ausweisung aus Frankfurt eingebracht hätte, stand sie doch im Mittelpunkt einer pietistischen Gruppe, die sich zunehmend von der lutherischen Kirche entfernte. Die Bibel rückte mehr und mehr in das Zentrum der Frömmigkeitspraxis, die Betonung des Priestertums aller Gläubigen gab männlichen und weiblichen Laien großen Aktionsspielraum.

Im Saalhof begegnete sie 1676 dem Theologiestudenten Johann Wilhelm Petersen (1649–1727), der sich bereits als streitbarer Parteigänger des Pietismus einen Namen gemacht hatte. Trotz des Standesunterschieds erfolgte 1680 die Hochzeit. Mit 36 Jahren war Johanna Eleonora kein jugendliches Bräutchen mehr.

Johann Wilhelm Petersen war seit 1677 Hofprediger und Superintendent des Fürstbistums Lübeck in Eutin. 1692 verlor er wegen seiner Nähe zur Visionärin Rosamunde Juliane von der Asseburg (1672–1712) seine Stellung in Eutin und wurde des Landes verwiesen. Er muss von der charismatischen Seherin, die mit Christus- und Teufelsvisionen Aufsehen erregte, so beeindruckt gewesen sein, dass er über sie schrieb: „... sie soll so geglänzet haben, dass es sogar durch die Mauerrritzen hindurch leuchtete."

Dank der Hilfe wohlgesinnter adliger Freunde konnten die Petersens das Gut Niederndodeleben bei Magdeburg erwerben, wo sich beide mit dem Verfassen theologischer Bücher beschäftigten und im Austausch mit führenden Anhängern des radikalen Pietismus europaweit standen. Das Gut bildete eine Anlaufstelle für Pietisten, die sich oft monatelang dort aufhielten.

Johanna Eleonora Petersen – eine Pietistin, die mit der Feder umzugehen verstand

Das Ehepaar Petersen lebte eine Partnerschaft, die von einem intensiven geistigen Austausch geprägt war. Beide beschäftigten sich mit der Frage nach weiteren Offenbarungen, mit der Auslegung der Johannes-Apokalypse und dem Chiliasmus, der religiös motivierten Erwartung eines innerweltlichen tausendjährigen messianischen Friedensreiches.

Zeitlebens war Johanna Eleonora Petersen als publizierende radikale Pietistin wegen ihrer Bibelexegese heftigster Kritik ausgesetzt. Doch hat sie auf diese Weise am theologischen

Diskurs teilhaben können – eine gelehrte Frau, die es wagte, sich gegen die etablierte Theologie aufzulehnen und mit einem gewissen Fanatismus an ihren Überzeugungen festhielt.

Am 19. März 1724 verstarb Johanna Eleonora Petersen im Alter von 80 Jahren auf dem Freigut Thymern (heute Truppenübungsplatz) bei Altengrabow.

Ein Frauenleben, das aus ihrer Zeit herausragt. Mit ihrer intellektuellen Eigenständigkeit stellte sie alle religiösen „Prophetinnen" in den Schatten. Sie brauchte keine Visionen, denn sie konnte die Feder führen.

MARGARETHE RÜCKER

(† 19. DEZEMBER 1611)

WIRTIN IM GASTHOF „ZUM GOLDENEN KARPFEN" VON ASCHAFFENBURG

„Schlimm ist das Wirken der Hexen. Im Dienste widergöttlicher Mächte stehend, üben sie einen Zauber auf die Menschen aus, der ihnen Schaden bringen soll."

Stellvertretend für alle, die unter den entsetzlichen Verdacht der Zauberei geraten waren, steht Margarethe Rücker aus Aschaffenburg, ein unschuldiges Opfer gesellschaftlicher und religiöser Verblendung. Unkenntnis und nicht erklärbare Naturerscheinungen förderten magische Kulte, Zauberei und einen Dämonenglauben. Den in Verdacht geratenen Frauen wurde häufig Schadenszauber unterstellt.

Margarethe Rücker war die Wirtin im Gasthof „Zum Goldenen Karpfen" in der Löhergasse von Aschaffenburg. Ins Fadenkreuz der Hexenverfolger war die wohlhabende Wirtin Ende Oktober 1611 durch die Aussage der eingekerkerten Barbara Schöffer gekommen. Sie, die Tochter eines hingerichteten "Zauberers", bezichtigte unter der Folter zwei Frauen aus

Blick in den Innenhof des Schlosses Johannisburg mit Bergfried

MARGARETHE RÜCKER

Aschaffenburg, Elisabeth Strauß, genannt „die Kreutzschneiderin" und die Karpfenwirtin Margarethe Rücker auf dem Plattenberg bei Kleinwallstadt „Wetter gemacht zu haben". Vehement bestritt Margarethe Rücker die Anschuldigung. Daraufhin kam die Folter zur Anwendung. Elisabeth Strauß gestand, nachdem sie mit „Krebsen beschraubt" und fünfmal hochgezogen worden war, dass sie seit dreißig Jahren als Hexe wirke.

Margarethe Rücker hatte nach siebzehn „Aufzügen" das Bewusstsein verloren – ohne ein „Geständnis" abgelegt zu haben.

Aschaffenburg 1655

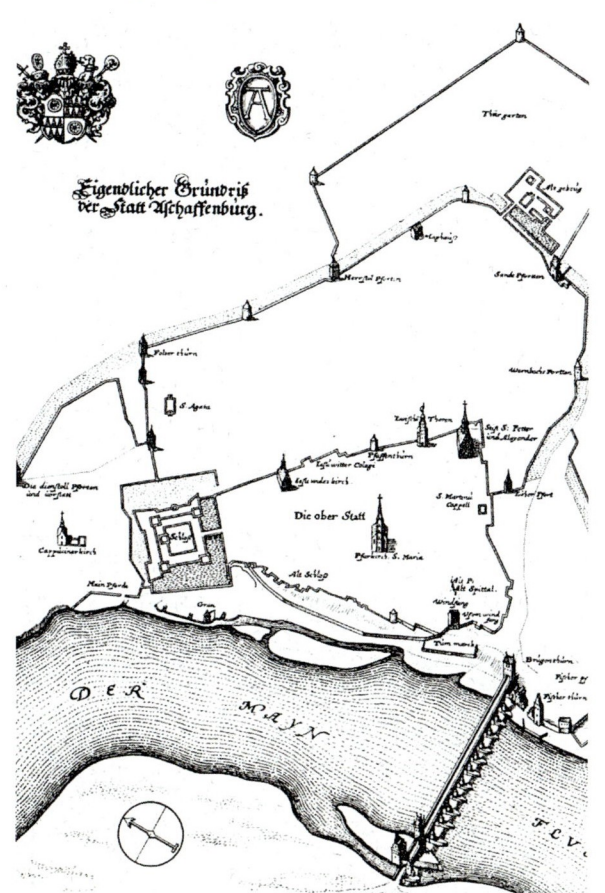

Sie wurde erneut dem Scharfrichter übergeben, der nun die Reihenfolge und den Grad der „peinlichen Halsgerichtsordnung" fortsetzte. Sie musste wieder Auf- und Niederzüge über sich ergehen lassen, zusätzlich wurden ihre Füße mit Gewichten beschwert. Lange blieb sie standhaft, aber nach weiteren „Befragungen" gestand sie am 26. November 1611 in Anwesenheit des Centgrafen: „Vor ungefähr zehn Jahren, sechs Wochen nach ihrer Niederkunft, sei der Böse zuerst in ihres Mannes Gestalt, als sie nachts allein gelegen, zu ihr gekommen und habe sie verführt; die zweite Nacht sei er wieder gekommen und habe sie auf einem Bocke zum Spitalbrunnen gebracht und sie dort in Teufels Namen getauft."

Dämonische Perversionen durchziehen die Geständnisse aller der Zaubererei Angeklagten. Es scheint ihnen in den Mund gelegt worden zu sein. Je ungeheuerlicher die „Geständnisse", desto besser. Wer die Folter überstand, blieb als körperlich und geistig gebrochener Mensch zurück. Für Familienangehörige bedeutete ein solcher Prozess, egal welchen Ausgang er nahm, meist den Absturz ins soziale Nichts.

Mit ihrem Geständnis hatte die Karpfenwirtin ihr Leben verwirkt. Das Vermögen wurde konfisziert und an die am Prozess Beteiligten verteilt. Vermögende Delinquenten stellten so eine fette Beute dar.

Am 19. Dezember 1611 wurde Margarethe Rücker hinter der Agathen-Kirche in Aschaffenburg mit dem Schwert enthauptet.

10

ROSETTE DOROTHEA RITTER

(1759–1833)

MÄTRESSE AUF ZEIT – DER ÜBERMUT DER ROSETTE RITTER, NACHMALS FREIFRAU VON LINDENTHAL

„Meine geliebte Freundin hatte diesmal eine vorzügliche Niederkunft."

Im schweizerischen Biel geboren, wurde die Apothekertochter die dritte von vier Mätressen des Landgrafen und späteren Kurfürsten Wilhelm IX. von Hessen-Kassel (1743–1821). Er ließ sie zur Freifrau von Lindenthal adeln.

Verführung, Liebe, Macht, Eifersucht, Verrat – diese Schlüsselbegriffe, prägten auch das Leben der Rosette Dorothea Ritter, das sich so zufällig in die höheren Sphären der Machtpolitik erhob. Sie war 20 Jahre alt als sie zur Mätresse des Landgrafen aufstieg.

Wilhelm IX. war seit 1764 mit der Prinzessin Caroline von Dänemark verheiratet. Die Ehe galt als zerrüttet und die Mätressenwirtschaft dauerte schon länger an. Rosettes Vorgänge-

rinnen waren eine Marianne von Wulffen, über die nur wenig bekannt ist, und danach die 1749 in Hanau geborene Charlotte Christine Buissine. Sie hatte vier Kinder mit dem Landgrafen, die alle, ausgestattet mit Adelsprivilegien, gut versorgt waren. Sie, die ehemalige Favoritin Buissine, dürfte auch nicht gedarbt haben. Angeblich soll sie in Kapstadt gestorben sein.

Von Rosette Ritter findet sich kein ihr zuzuordnendes Portrait, doch soll sie von außerordentlicher Attraktivität gewesen sein und dem Geschmack der Zeit entsprochen haben. Eine Rokokoheroine. Mehr Schein als Sein. Seit Beginn der amourösen Beziehung zu Wilhelm IX. war sie ununterbrochen schwanger – womit sie ihre Position festigen und aufrechterhalten konnte. Der Landgraf sollte mit seinen Mätressen zwanzig Kinder zeugen, wovon ihm Rosette allein sieben geboren hatte.

Sonderlich beliebt dürfte sie am Hanauer Hof nicht gewesen sein. Das Mätressenunwesen ließ Intrigen treiben und die Günstlingswirtschaft aufleben, und ganz so spritzig dürften es die hessischen Untertanen nicht empfunden haben, dass bei jeder Geburt eines unehelichen Sprosses, der Preis eines Scheffels Salz um einen Kreuzer erhöht wurde. Zimperlich war man nicht, wenn es darum ging, seine Vergnügungen zu finanzieren, und eine Mätresse war ein teurer Spaß. Rosette Ritter gehörte bereits ein großes Anwesen in Hanau.

Wie kompliziert ihre Stellung am Hof allerdings war, notierte 1793 Landgraf Wilhelm:

„Meine geliebte Freundin hatte diesmal eine vorzügliche Niederkunft. Ich war darob entzückt über jeden Ausdruck und pries den Himmel tausendfach, sie abermals wohlbehalten und ohne die geringsten Folgen genesen zu sehen. Ich fuhr fort, mit ihr jedes erdenkliche Glück auszukosten. Ich ersetzte ihr überdies jede Gesellschaft. Das nichtswürdige Gebaren der geadelten Bourgeoisie – ich meine der Geheimräte und ihrer Frauen – gegen sie überstieg jeden Begriff. Diese prüde Sippschaft versagte sich nicht bloß jeden Verkehr mit ihr, sondern schickte sich sogar an, die Personen, die mit meiner Freundin verkehrten, zu schneiden.“

Sie hatte den Höhepunkt ihrer Mätressen-Karriere erreicht, wenn es ihr auch an Anerkennung mangelte. Er hielt zu ihr und ließ ihr eine weitere „Wohltat" zukommen: Am 17. März 1783 erhob der Kaiser in Wien sie in den Adelsstand des Reiches und der Landgraf schenkte ihr das Gut Lindenthal im Taunus, nach dem sie sich nun Freifrau von Lindenthal nennen durfte.

Doch ganz so zügig ging es doch nicht weiter voran. So trug Wilhelm IX. 1783 in sein Tagebuch ein: *„Am 16. Mai traf endlich der Adelsbrief für meine Freundin ein, welche nunmehr den Namen von Lindenthal annahm, den der Kaiser ihr bewilligt hatte. Tags darauf brachte ich besagten Brief mit in den Rat und den Herren von Berlepsch und von der Malsburg zur Kenntnis. Beide verhielten sich bei dieser Gelegenheit nicht – der eine so wenig wie der andere –, wie sie hätten sollen. Sie wollten so wenig als möglich damit befasst werden. Am nämlichen Tag*

wurde die Standeserhöhung auf mein Geheiß der Noblesse von Hanau verlautbart. Die unterschiedlichen Mienen, die ich aus diesem Anlass zu sehen bekam, lieferten mir den sicheren Beweis für die geringe Ergebenheit, die ich hier zu gewärtigen hatte. In der gleichen Woche stattete Frau von Lindenthal ihre Antrittsbesuche ab. Die Osterfeiertage schienen eine kleine Unterbrechung bei der Erwiderung der Visiten durch die Noblesse zu verursachen, ich schlug jedoch einen so harschen Ton an, dass alle Damen und Herren ihre Visitenkarten bei ihr abgaben.“

1785 begleitete Rosette, nunmehr Freifrau von Lindenthal, Wilhelm nach Kassel, als dieser die Regierung übernahm. Hier wurde der Sohn Julius geboren. Zwei Jahre später war er seiner Mätresse überdrüssig. Ein anderer Stern war aufgegangen. Die Generalstochter Karoline von Schlotheim mit der er 13 Kinder haben würde. Auch hatte es Gerüchte um Rosette gegeben. Eine Affäre mit dem Fähnrich Ferdinand von Wintzingerode wurde ihr nachgesagt. Für Wilhelm ein guter Anlass, sie loszuwerden. Er notierte in seinem Tagebuch: *„... sah ich mich wiederum dem schlechten Benehmen der Lindenthal als Zielscheibe ausgesetzt. Diesmal war die endgültige Trennung von ihr unerläßlich. Ich schickte sie auf das Schloß Babenhausen, wo ich ihr, ohne ihre Verfehlungen zu untersuchen, um der Liebe zu ihren Kindern willen eine recht stattliche Rente aussetzte.“*

Sie war wohl etwas übermütig geworden. Hatte zu sehr kokettiert und sich amüsiert, war

Winter in Hanau

dabei übers Ziel hinausgeschossen ... oder ihre Zeit als Mätresse war abgelaufen.

Die Entfernung der ausschweifenden Mätresse aus dem Hofstaat hat in der Bevölkerung gewiss keine Betroffenheit erzeugt. Ein tiefer Fall, doch gut abgefedert, denn ihre Kinder waren das Pfand, das sie vor dem Sturz ins Bodenlose bewahrte.

Im Arrest auf der Festung Babenhausen gebar sie 1788 den Sohn Otto, dem Wilhelm IV. seine Anerkennung versagte. Das Kind starb mit vier Jahren. In Babenhausen wusste sie sich dennoch die Zeit zu vertreiben; sie bändelte mit ihrem Aufpasser an. Am 13. Februar 1794 heiratete sie Johann Georg Kleinhans. Sein späteres Rentmeisteramt dürfte er seiner Frau verdankt haben.

Rosette von Lindenthal starb am 17. Februar 1835 in Hanau. Als „Kleinhansin" tauchte sie in der Geschichte unter.

Starke Persönlichkeiten von oft zweifelhafter Moral waren sie, die Favoritinnen an den Fürstenhöfen des 18. Jahrhunderts – ihre Zeit war kurz.

CAROLINE SCHELLING
(1763–1809)

EIN LEIDENSCHAFTLICHES LEBEN – UND DER FLIRT MIT DER REVOLUTION

„Ich war kühn, aber nicht frevelhaft."

Caroline Schelling, geb. Michaelis, verw. Böhmer, gesch. Schlegel, verh. Schelling, wurde am 2. September 1763 in Göttingen geboren und starb am 7. September 1809 in Maulbronn. Zwischen diesen Daten verbirgt sich ein leidenschaftliches Leben.

Caroline Schelling – Flirt mit der Revolution, Vernunftehen und eine Liebesheirat

Wenn sie auch gerne als Muse verschiedener Dichter und Denker angesehen wird, zeugt der solitäre Ton ihrer mit feiner Bosheit gewürzten Briefe von einem eigenen schriftstellerischen Talent. Im Gegensatz zur anderen „Universitätsmamsell", Therese Forster, die oft klatschsüchtig und ungehobelt daherkommt, vereinigt Caroline Eleganz und Geist in ihren Briefen.

Während bis zum Beginn des 18. Jahrhunderts die uns bekannten Dichter und Denker, mit sehr blassen Gefährtinnen ausgestattet waren, so suchten die kulturrevolutionären Romantiker sich gerne Partnerinnen, die es mit ihnen

aufnehmen konnten. Caroline Michaelis, die Tochter des Professors Johann David Michaelis, einem namhaften Göttinger Orientalisten und Theologen, kann als eine solche gelten. Als junges Mädchen gehörte sie zum Kreis der „Universitätsmamsellen", wie die gebildeten jungen Frauen spöttisch genannt wurden. Es störte die „Mamsellen" nicht, sie klatschten zurück.

Klugheit hin oder her – Caroline, die „höhere Tochter", sollte eine möglichst gute Partie machen. Die Wahl fiel auf den Arzt Wilhelm Böhmer – eine Vernunftehe. Die 21-jährige Caroline zog mit ihm in das Harzstädtchen Clausthal. Drei Kinder wurden im Verlauf der kurzen Ehe geboren. Auguste (1785), Therese (1787) und der Sohn Wilhelm (1888), der nur einige Tage lebte. Und auch Therese wurde nur zwei Jahre alt.

1788 starb der Ehemann an einer Sepsis. Schnell wurde sich Caroline ihrer neu gewonnenen Freiheit bewusst, obwohl sie vorerst in ihr Elternhaus zurückkehrte, wo sie sich erfolgreich den Versuchen ihrer Mutter widersetzte, die sie rasch wieder verheiraten wollte. Die attraktive Witwe mit der sinnlichen Ausstrahlung, umschwärmter Mittelpunkt der Göttinger Gesellschaft, unruhig und aufgeschlossen, schaute nach Frankreich hin, wo sich die Gesellschaft zu verändern begann. An einen Freund schrieb sie 1789: *„So möchten denn die Reichen abtreten und die Armen die Welt regieren."*

Und es hielt sie nichts mehr im beschaulichen Göttingen. Nach Mainz wollte sie, wo die revolutionäre Saat schon aufgegangen zu sein schien. Allen voran war Georg Forster, der Ehemann ihrer Jugendfreundin Therese. 1792 verließ sie mit ihrer Tochter Auguste Göttingen, um im Haushalt von Georg Forster zu leben, dessen Therese sich gerade neu orientierte und mit einem gewissen Herrn Huber angebandelt hatte.

Als die Franzosen im Oktober 1792 Mainz einnahmen und das Land zwischen Landau und Bingen zur Republik erklärten, begeisterte sich Caroline am revolutionären Geschehen ... und verliebte sich in den jungen französischen Offizier Jean-Baptiste de Crancé. Ja, es war eine

rauschende Ballnacht gewesen, die Folgen haben sollte. Doch die Tage der ersten deutschen Republik waren gezählt, das Ancien Régime schlug zurück. Im Sommer 1793 wurde Mainz zurückerobert. Forster starb ein halbes Jahr später in Paris.

Die schwangere Caroline wollte sich nach Gotha durchschlagen. Doch sie, die bekannte „Jakobinerin" wurde verhaftet und auf Burg Königstein im Taunus gefangen gehalten, „in einem Zimmer mit sieben anderen Menschen", wie sie sich entsetzt erinnern sollte. Ihre kleine Tochter war mit dabei. Eine fatale Situation. Wenn ihre Schwangerschaft entdeckt worden wäre, hätte sie neben ihrer Pension auch ihre bürgerliche Reputation verloren, wobei ihr Ruf eh ramponiert war. Schließlich gelang es ihrem Bruder Philipp Michaelis, sie und Auguste frei zu bekommen.

Jetzt trat August Wilhelm Schlegel, einer ihrer Göttinger Verehrer, auf den Plan. Er brachte sie an einen Ort in der Nähe von Leipzig, wo sie heimlich entbinden konnte. Carolines Niederkunft verlief glücklich. Der Sohn Julius wurde zur Pflege geben. Von seiner Existenz durfte niemand erfahren. Sie hatte ihn quasi mit der Geburt schon verloren.

Die Probleme, die ihr der Flirt mit der Revolution eingebracht hatte, waren noch nicht ausgestanden. Gotha, Dresden, Göttingen – überall galt sie als Unperson! Ein Franzosenliebchen und des berüchtigten Forsters „Kebsweib". Ihre Rettung blieb August Wilhelm Schlegel. Und so ging sie ihre zweite Vernunftehe ein.

Das neue Zuhause des Ehepaares Schlegel wurde Jena. Hier in frühromantischer Geselligkeit konnte Caroline ihr Talent zum Rezitieren zeigen, wobei sie ihre spitze Zunge einsetzte. Schillers „Lied von der Glocke", ein arg reaktionäres Werk goutierte sie mit schallendem Gelächter. Der beleidigte Dichter nannte sie fortan: „Dame Luzifer" – und unter diesen Namen ging sie auch am Rande in die Literaturgeschichte ein.

Es musste eine gute Zeit in Jena gewesen sein, doch 1801 war es damit vorbei. Romanhafte Wirklichkeit sprengte den Kreis. Caroline hatte sich wieder verliebt – in Friedrich Wilhelm Schelling. Zwölf Jahre jünger als sie stand er am Beginn seiner Laufbahn als Philosoph, ein Star der Szene. Sie wurden ein Paar und der Skandal war da. Ihre Liebe fand wenig Zustimmung, nicht nur die Ablehnung der puristischen Schiller-Gattin Lotte war ihr sicher, auch die „wilden Weiber" vom Schlage einer Therese Forster oder Dorothea Veit, die ihrerseits ihre Ehegatten verlassen hatten, zeigten sich wenig wohlwollend.

Caroline stellte sich gegen den Rest der „romantischen" Welt, indem sie die freie Liebe feierte. Doch dann verlor sie ihre Tochter Auguste. Sie starb an der in Jena grassierenden Ruhr. Sie und ihr Geliebter verstiegen sich in die Vorstellung, dass Gott sie so für ihre illegitime Liebe bestrafe. Eine Weile hielt dieser Wahn an.

Vierzigjährig schloss Caroline ihre dritte Ehe. Ihre erste Liebesheirat war es. Sie folgte Schelling nach Würzburg, wo er eine Professur einnahm, dann weiter nach München. Caroline, die spritzige, die witzige, die Abenteurin begann nun ihr Leben ganz in den Dienst des Werkes ihres Ehemannes zu stellen. Sie vergötterte ihn, was viel Erstaunen auslöste. Irgendwie schien sie angekommen zu sein – im Leben eines Anderen.

Eine lange, gemeinsame Zeit war ihnen nicht beschieden. Kurz nach ihrem 46. Geburtstag starb Caroline 1809 in Maulbronn, wo sie Schellings Eltern besucht hatten, nach plötzlicher Krankheit. Ruhr oder Typhus sollen die Ursache gewesen sein.

Sie war aufgebrochen, hatte den Charme der Revolution in Mainz bis zur bitteren Neige genossen, beinahe wäre sie ihr Untergang geworden. Die Liebe ihres Lebens ertrotzte sie sich gegen alle Widerstände.

Als Schriftstellerin kann Caroline Schelling im eigentlichen Sinne nicht gelten. Es lag dies nicht am mangelnden Talent, sondern eher am fehlenden Ehrgeiz. Das Leben, das sie führte, hatte viel ihrer Kraft geraubt.

RÄUBERBRÄUTE

EIN WILDES, ROHES, HARTES LEBEN – UND AM ENDE DAS ARBEITSHAUS

Vom Nordpfälzer Bergland aus bis weit in die Taunuswälder führten die Raubzüge der rheinischen Räuberbanden in der Zeit um 1800. Stark mussten die Frauen in diesem Milieu sein, jener verschworenen Gemeinschaft der Ausgestoßenen. Meist hatten sie keine andere Wahl als mit dem „Gesindel" zu hausen.

ELISE WERNER
(1781–?)

„Sie ging aus einer Hand in die andere."

Elise entstammte dem Landfahrermilieu. Ihr Vater wurde wohl in Trier gehenkt, die Mutter auf der rechten Rheinseite geköpft und ihr Bruder ebendort am Galgen gehangen – eine biografische Notiz, wie sie in diesem Milieu nicht ungewöhnlich war.

Elise wird als bildhübsch und von zügelloser Sinnlichkeit beschrieben, die sie in flüchtigen

Abenteuern auslebte. Berüchtigt war ihr aufbrausendes Temperament. Ein verwahrlostes, obdachloses Mädchen war sie. 16 Jahre alt soll sie gewesen sein, als sie Johannes Bückler, „Schinderhannes" genannt, in einem Hunsrücker Wirtshaus begegnete. Für mehr als zwei Jahre wurde sie seine „Beischläferin". Eine Beziehung mit amourösen Abstechern beiderseits.

Es wird vermutet, dass sie als echte Räuberbraut ihrem Liebsten bei der Flucht aus dem Gefängnisturm in Simmern heimlich Fluchtwerkzeuge zugesteckt hatte. Wie auch immer, gebraucht hatte er sie nicht. Mit rabiater Kraft hatte er das Eisengitter des Fensters aus der Verankerung gerissen und war in den Stadtgraben gesprungen, wo ihm ein nachstürzender Stein das Bein brach. Es waren solch tollkühne Aktionen, die ihn, den Schindersohn, zum berühmt-berüchtigten Räuberhauptmann machten.

Bald darauf verließ ihn die launenhafte Elise wegen eines fahnenflüchtigen österreichischen Husaren, dem sie ihre Gunst geschenkt hatte. Wegen Pferdediebstahl kam er in Haft, und auch sie geriet in die Mühlen der Justiz, wobei ihr schlussendlich der Schafdiebstahl und die Beihilfe zu einem Mord nicht nachgewiesen werden konnten.

Elise Werners Spuren verlieren sich um 1800. Nirgendwo taucht ihr Name mehr auf. Verdorben gestorben – ein verwegenes Leben, das schnell zu Ende gehen konnte!

ANNA MARIA (AMIE) SCHÄFER, GENANNT „BUZLIESE-AMIE"
(1784–?)

„Sie war nicht spröde gegen denjenigen, der ihr gefiel."

Als Tochter einer Tagelöhnerin und Knopfmacherin, die ein unstetes Leben führte, zog die kaum 14 Jahre alte Anna-Maria, die als „fleischig anzufühlen" beschrieben wird, allerhand Gesindel an.

Dem berüchtigten „Placken-Kloß" (Niklas Rauschenberg) war sie aufgefallen und auch sie war nicht abgeneigt gewesen. Er allerdings trieb sich gleichzeitig noch mit den Töchtern des „Zunder-Paul", Marian und Eva Catharina, herum, während Amie eine On-off-Beziehung mit Johannes Bückler unterhielt, was dem „Placken-Kloß" missfiel. Er schikanierte daraufhin Mutter und Tochter. Kurz darauf wurde er erstochen aufgefunden. Feinde hatte der rohe Weiberheld genug.

Und Amie? Johannes Bückler, der sich wieder im Taunus aufhielt, hatte sie an einen seiner Kumpanen, dem Karl Benzel, abgetreten. Am 25. Februar 1802 wurde dieser wegen des Mordes an dem jüdischen Händler Samuel Ely aus Sobernheim in Koblenz guillotiniert. Elises nächster Beischläfer, der Peter Zughetto, starb bei einem Schusswechsel am 30. August 1802.

Ringlein, Ringlein, du musst wandern …! Amie dürfte noch manchen Schatz auf die eine oder andere Weise verloren haben. Mittlerweile hatte sie sich selbst zur Trittbrettfahrerin im Räubermilieu entwickelt, was sie andauernd in Arrest brachte. Simmern, Koblenz, Köln, Mainz waren die Stationen ihrer Gefängnisaufenthalte. 1802 befand sie sich unter Aufsicht des Zuchtpolizeigerichts Birkenfeld.

Über ihr weiteres Schicksal ist nichts bekannt. Ob sie wie ihre Mutter in der verfallenen, einsam in den Wäldern gelegenen Schmidtburg Weißknöpfe aus Knochen herstellte oder wie diese gelegentlich als Wanderhure umherzog? Früh hatte Amie gelernt, sich durchs Leben zu schlagen – und sie wird es weiter getan haben.

KATHARINA PFEIFFER
(1781–1819)

„Sie zog schon im Alter von 16 Jahren in der Welt umher."

1780 wurde sie in Hofheim-Langenhain als Tochter eines verabschiedeten Soldaten „auf der Reise geboren". Ein unbehaustes Leben von Anbeginn an. Als „kluge und intrigante Dirne" wird sie anlässlich eines Polizeiverhörs 1810 charakterisiert. Da war sie 31 Jahre alt und ein wüstes Leben lag bereits hinter ihr.

Aus der kurzen Verbindung, von Januar bis Mitte April 1800, mit Johannes Bückler, war eine Tochter entstanden. Weitere Kinder hatte sie mit ihren Gefährten auf Zeit. Ständige Verhaftungen, Ausweisungen und Überstellungen prägten ihr Leben. 1811 war sie gar im „Pariser Frauengefängnis St. Lazare" inhaftiert, 1819 saß sie in Diez ein.

Ab 1821 versiegen die Quellen über das bewegte Leben der Vagabundin und Räuberbraut Katharina Pfeiffer. Sie soll ein robustes Weib gewesen sein, groß und stark mit braunem Haar und dunklen Augen. Eine derartige Existenz wie sie sie führte, verlangte eine gute körperliche Konstitution. Hart waren die Winter, der Hunger ein ständiger Begleiter, und die Schwangerschaften und Geburten mussten auch irgendwie hinter sich gebracht werden, um dann wieder weiterziehen zu können, nicht wissend, wo und mit wem die nächste Nacht verbracht werden würde.

Sie prostituierten sich als blutjunge Mädchen, die keck und frech die Burschen ausnahmen, oder als verbrauchte Weiber, die für ein Glas Branntwein zu haben waren. Ein ehrbares Leben war für die „kluge und intrigante Dirne" Katharina Pfeiffer nicht vorgesehen gewesen.

MARIA-JULIANA BLASIUS
(1781–1851)

„Ach, beim Hannes war's schöner."

Sie ist der Prototyp der Räuberbraut, reichlich verklärt und aufgehübscht. Die Tochter eines Bänkelsängers und Musikanten zog schon als Kind mit dem Vater und den Schwestern über Land, um auf Märkten und Kirchweihen aufzuspielen. Die Blasius' waren, obwohl nicht wohnsitzlos, Teil des fahrenden Volks, und zeitweise auf Almosen angewiesen, auf die sie ein Anrecht hatten, da sie in ihrer Heimatgemeinde Weiherbach ein Bürgerrecht besaßen.

Juliana Blasius, Geliebte des Schinderhannes

Juliana Blasius begegnete Johannes Bückler eher zufällig als sie Ostern 1800 mit ihrer Schwester Margareta zum Musizieren auftrat. Zwei Wochen später lud er die Schwestern Blasius in ein Waldstück ein, wo er mit seinen Kumpanen lagerte. Die beiden jungen Frauen kehrten nicht mehr ins Elternhaus zurück. Juliana hatte sich aus freien Stücken der Bande angeschlossen. Kleinkriminelle Erfahrungen besaßen die Schwestern Blasius durchaus schon. Meist waren es Markt- und Taschendiebstähle gewesen, doch was war dies im Vergleich mit dem, was Johannes Bückler und seine Leute taten?

Sie lebten von Wegelagerei, Straßenraub, Schutzgelderpressung und Einbrüchen, wobei sie rücksichtslos vorgingen. Materiell gesehen ging es Juliana gut. Sie trug neue Kleider und Schuhe, leistete sich Kaffee und Tabak. Doch jederzeit konnte etwas schiefgehen.

Das erste gemeinsame Kind, eine Tochter, kam in einem Wald bei Nastätten zur Welt. Eine schwere Geburt, zu der ein Arzt aus Schwalbach hinzugezogen werden musste. Ihre Beziehung blieb bestehen. Es mochte vielleicht am Charakter der jungen Frau gelegen haben, die weder so heftig wie Elise, noch so verdorben wie die Amie oder so ausschweifend wie Katharina gewesen war. Hatte sie doch selbst etwas wie ein Familienleben kennengelernt.

Eine Idylle im Verbrechermilieu? Lange ging es nicht mehr gut. Am 20. November 1803 verurteilte das Mainzer Tribunal den als französischen Staatsbürger angeklagten „Citoyen Jean Bückler" zum Tod durch das Fallbeil. Zuvor hatte die inhaftierte Juliana Blasius einen Sohn zur Welt gebracht. Sie selbst wurde zu zweijähriger Zuchthausstrafe verurteilt. Nach der Rückkehr aus dem Genter Arbeitshaus blieb sie dem kriminellen Milieu fern und heiratete 1814 den neun Jahre jüngeren Schweinehirten und Groß-Neffen Johann Peter Blasius. Mit ihm bekam sie sieben Töchter, von denen zwei am Leben blieben.

Über die letzten Jahre der Juliana Blasius heißt es: *„Julie war sehr heruntergekommen. Ein altes Weib, das bettelte, und wenn ihr ein Schnaps kredenzt wurde, tanzte sie wie närrisch in der Stube herum."*

Am 3. Juli 1851 starb sie im Alter von 70 Jahren an der Wassersucht. Nein, so lustig war das Räuberleben nicht.

BETTINA BRENTANO

(1785–1859)

AUFSÄSSIG, WITZIG, GEFÜHLSBETONT – DIE MASSLOSE SCHWÄRMEREI DER ROMANTIK

Was ist's, worin sich hier der Sinn gefällt?

Im Haus „Zum Goldenen Kopf" in Frankfurt am Main wurde sie am 4. April 1785 als siebtes Kind von Peter Anton Brentano und seiner zweiten Ehefrau Maximiliane, geb. von La Roche, geboren. Sie muss ein quirliges Wesen besessen haben, was ihr unter den Geschwistern den Namen „der Kobold" einbrachte.

1793 starb ihre Mutter Maximiliane im Alter von 37 Jahren, erschöpft nach einer ununterbrochenen Abfolge von Schwangerschaften und Geburten. Ein hartes Frauenschicksal ereilte so die reizvolle Maximiliane, die auf dem Ehrenbreitstein als Tochter der berühmten Sophie von La Roche aufgewachsen war. Dem jungen Goethe hatte sie auch gefallen. Soliden Wohlstand konnte ihr aber der Handelsherr Brentano bieten.

Die siebenjährige Bettina kam nach dem Tod der Mutter zusammen mit ihren Schwestern Gunda (1780–1863), Lulu (1787–1854) und Meline (1788–1861) in die Ursulinenschule nach Fritzlar, wo die Mädchen bis zum Tode ihres Vaters 1793 verbleiben sollten. Danach zog die Dreizehnjährige zu ihrer in Offenbach am Main lebenden Großmutter Sophie von La Roche, gegen deren altbackenen Erziehungsstil sie sich mächtig aufzulehnen begann. Hier im Haus der Großmutter begegnete sie auch erstmals ihrem um sieben Jahre älteren Bruder Clemens, dem sie im Wesen so ähnlich war.

Für eine Weile lebte Bettina in Marburg, wo ihre Schwester Kunigunde mit dem Rechtsgelehrten Friedrich von Savigny verheiratet war. 1810 folgte sie den Savignys nach Berlin, Zwischenstation war Wien. Dort machte ihre Schwägerin Antonie sie mit Ludwig van Beethoven bekannt. Die Gespräche und Musizierstunden mit Beethoven verstärkten Bettinas Hang zum Geniekult, den sie zuvor schon auf Goethe ausgerichtet gehabt hatte. In Frankfurt war Bettina Brentano ein gern gesehener Gast bei Frau Aja, Goethes Mutter, gewesen. Doch erst 1807 lernte sie Goethe persönlich in Weimar kennen, nachdem sie vorher einen Briefwechsel mit ihm geführt hatte, worin sie, das 19-jährige Mädchen, eine schwärmerische Liebe für den 57 Jahre alten Mann zum Ausdruck gebracht hatte. In ihren Briefen verstand sie es, den Dichter in kindlicher Einfalt, erotischen Instinkt und phrasenhafter Feierlichkeit zu umgarnen.

In der ihr eigenen fantastischen Ausschmückung beschreibt sie eine Begegnung mit

Goethe: „*Es war in der Abenddämmerung (im Badeort Teplitz) im heißen Augustmonat. Er saß am offenen Fenster. Ich stand vor ihm, der Blick scharf ihm ins Auge gedrückt, wie ein Pfeil, blieb drin haften. Vielleicht weil er's nicht länger ertragen mochte, fragte er, ob mir nicht warm sei. Ich nickte. ,So lass doch die Kühlung Dich anwehen', sagte er und öffnete meine Kleidung. Ich ward rot...*" Zu diesem angeblichen Vorfall gibt es vier Versionen aus ihrer Feder, wohingegen in ihrem Werk „Goethes Briefwechsel mit einem Kinde" die Schilderung wesentlich entschärfter wiedergegeben ist.

Sie hatte in ihrem Gefühlsüberschwang einige Irritationen beim Objekt ihrer Begierde ausgelöst, jedenfalls berichtete Goethe seiner Frau Christiane aus Teplitz: „*Vor allen Dingen muss ich Dir ein Abenteuer erzählen. Ich war eben in ein neues Quartier gezogen und saß ganz ruhig auf meinem Zimmer. Da geht die Türe auf und ein Frauenzimmer kommt herein. Ich denke, es hat sich jemand von unseren Mitbewohnern verirrt, aber siehe, es ist Bettina, die auf mich zugesprungen kommt und noch völlig ist, wie wir sie gekannt haben ...! Sie hat mir Unendliches erzählt, von alten und neuen Abenteuern.*"

Bettina und Christiane – eine heikle Konstellation. Sie waren sich nicht sonderlich zugetan, das wilde Mädchen aus dem Handelshaus und die proletarisierte Tochter einer einst gutbürgerlichen Familie. Zu viele demütigende Erfahrungen mit hochmütigen Damen hatte Christiane Vulpius sammeln müssen, bevor sie etwas an Anerkennung als Goethes Frau

Bettina Brentano, verheiratete von Arnim – eine starke, eigenwillige Persönlichkeit

erhielt. Und da sprengte diese Bettina heran und zog alle Aufmerksamkeit auf sich.

1811 heiratete Bettina den „Herzbruder" von Clemens Brentano, den Dichter Achim von Arnim, nach langem Überlegen. Jetzt im Spätsommer besuchte das Paar Goethe in Weimar, wo es bei einem Ausstellungsbesuch zu einer heftigen Auseinandersetzung zwischen Christiane Goethe und Bettina kam. „*Sie wahnsinnige Blutwurst*", soll Bettina der Frau Goethe hinterhergerufen haben. Goethe musste reagieren und verbot den Arnims kurzerhand sein Haus. Aus Teplitz sollte Goethe im folgenden Jahr seiner Frau über die ebenfalls anwesenden Arnims schreiben: *„Von Armins nehme ich nicht die mindeste Notiz, ich bin sehr froh, dass ich die Tollhäusler los bin!"*

Bettinas Goethe-Rausch ließ sich fortan nur noch literarisch ausleben. Sie war nun Ehefrau und Mutter vieler Kinder. Freimund (1812), Siegmund (1813), Friedmund (1815), Kühnemund (1817), Maximiliane (1818), Armgart (1821), Gisela (1827) geworden – eine Ehe mit räumlicher Trennung. Das Stadtkind Bettina lebte lieber in Berlin, der Landmann Achim kümmerte sich um das heruntergewirtschaftete Gut Wiepersdorf. Die Nachwelt verdankt diesem schwierigen Lebensbund einen regen Briefwechsel. Es geht dabei weniger um Literatur, als ums Alltägliche, wie Kinderkrankheiten, Hagelschlag, Kartoffelernten.

In den Berliner Salons fühlte sich von Arnim immer weniger wohl, er schätzte sein Eigenbrötlerdasein, was bei Bettina bittere Kritik hervorrief. Sie waren ein merkwürdiges Paar – der zunehmend konservativer werdende Landjunker, der zu den Größen der deutschen Romantik gehört hatte, und die umtriebige Bettina, die ihre Begeisterungsfähigkeit behalten hatte.

Kaum fünfzig Jahre alt verstarb Achim von Arnim 1831 an einem Schlaganfall. Bettina wandte sich nach einem ersten Entsetzen der Herausgabe von Arnims dichterischem Werk zu. Vier Jahre später verlor sie ihren Sohn Kühnemund bei einem Badeunfall. Sie stellte sich dem Leben, nahm die Herausforderungen an. Bei der Choleraepidemie in Berlin engagierte sie sich für soziale Hilfsmaßnahmen in den Armenvierteln. Und sie beließ es nicht nur bei den guten Taten. Aus Anlass der Thronbesteigung des preußischen Königs Friedrich Wilhelms IV. 1843 veröffentlichte sie die Sozialreportage *„Dies Buch gehört dem König"*. Das aus fiktiven Dialogen zwischen der Mutter Goethes und der Mutter des preußischen Königs bestehende Werk wurde in Bayern verboten. Mit der Zensur sollte sie es noch häufiger zu tun bekommen.

Ein Zeitgenosse (Jacob Burckhardt, Kunst- und Kulturhistoriker) schrieb in einem Brief an seine Schwester über eine Begegnung mit Bettina: *„Ein 54jähriges Mütterchen, klein aber von schöner Haltung, mit wahrhaften Zigeunerzügen im Angesicht, aber so wunderbar interessant, wie selten ein weiblicher Kopf; schöne, echte kastanienbraune Locken, die braunsten, wundersamsten Augen, die mir je vorgekommen sind."* Ein Mütterchen? Sie war eine überzeugte Demokratin und geriet nach der gescheiterten Revolution von 1848 zunehmend ins Visier reaktionärer Kräfte.
Sie hielt nicht still.

1852 veröffentlichte sie *„Gespräche mit Dämonen"*, in der sie für die Abschaffung der Todesstrafe und die politische Gleichstellung von Frauen und Juden eintrat. Ihre weitreichende Korrespondenz zur Ermittlung statistischer Angaben für ihr *„Armenbuch"* erregte großes Aufsehen. Das Buch wurde bereits vor seinem Erscheinen von der preußischen Zensur verboten, da man Bettina von Arnim verdächtigte, den Weberaufstand mit angezettelt zu haben.

Die Individualistin und das romantische Kind vereinigten sich in ihrem impulsiven Wesen. Die „soziale Frage" trieb sie um, und in dieser Position erscheint eine andere Bettina, eine Frau, die sich nicht scheut, das Unrecht beim Namen zu nennen. Eine starke, eigenwillige Persönlichkeit.

Bettina von Arnim starb am 20. Januar 1859 im Alter von 74 Jahren in Berlin.

ADELHEID VON STOLTERFOTH
(1800–1879)

DIE „NACHTIGALL VOM RHEIN" – ERFOLGREICH, ABER VERGESSEN

Kommt alle her ihr fernen Pilgerscharen,
die niemals noch den stolzen Rhein befahren,
senkt euren Blick in seine grüne Flut,
wenn sie bestrahlt die goldne Abendglut.

Geboren wurde die „rheinische Sappho", wie sie auch genannt wurde, nicht am Rhein, sondern im Jahre 1800 im thüringischen Eisenach als älteste Tochter des in preußischen Militärdiensten stehenden Friedrich von Stolterfoth und seiner Ehefrau, der Freiin Karoline von Schottenstein.

Als Halbwaise kam sie mit zwölf Jahren in das Fräuleinstift Schloss Birken nach Bayreuth. Sie wird als ungebundenes, lebhaftes Mädchen beschrieben, das sich nur ungern innerhalb bestimmter Schranken bewegen wollte. Hingegen machten die griechischen Mythen und Sagen einen tiefen Eindruck auf sie, und diese Stimmung übertrug sie gerne in die aberwitzigen Spiele im Kreise ihrer Gefährtinnen. Es ging so weit, dass sie anfing, sich in antike Gewänder zu hüllen, um so der strengen, dunklen Stiftskleidung zu entgehen.

Als sich im Sommer 1813 Widerstand gegen die Herrschaft Napoleons regte, wollte auch Adelheid für die neuen Ideale von Freiheit und Vaterlandsliebe in männlicher Kleidung kämpfen. Von Begeisterung und romantischer Schwärmerei ergriffen, schmiedete sie den fantastischen Plan. Alles endete in einer ziemlichen Blamage für sie, das 13-jährige Mädchen.

1815 kam Frau von Stolterfoth mit ihren beiden Töchtern Adelheid und Johanna an den Rhein. In Geisenheim gab es den Onkel, Hans Carl Freiherr von Zwierlein. Der Jurist, Kunstsammler und Gutsbesitzer besaß eine umfangreiche Bibliothek – ein guter Ort für die junge Adelheid. Von der Mythen- und Sagenwelt der Rheinlandschaft fühlte sie sich angezogen.

Nach dem Tod ihrer Mutter 1826 lebte sie beinahe ununterbrochen im Kreise der Zwierlein'schen Familie und begleitete sie auch auf Reisen. Ein komfortables Leben, Dank der Großzügigkeit des Onkels, doch irgendwann kam es zu Konflikten mit Maria Magdalena von Zwierlein. Zu viel Aufhebens schien ihr um die dichtende Nichte gemacht zu werden. Vorerst zog sich Adelheid zurück. Im abgelegenen rheinhessischen Dorf Partenheim hielt sie sich ein Jahr lang auf, um immer wieder, trotz der familiären Spannungen, in den Rheingau zurückzukehren. Sie musste sich der Gunst des Onkels sehr sicher gewesen sein.

Adelheid von Stolterfoth, Dichterin der Rheinromantik

Ihr erstes Werk *„Zoraide"*, ein Versepos in drei Gesängen, erschien 1825. Das Abenteuerepos *„Alfred"* sollte 1834 folgen. Stolterfoths gesamte Dichtung pendelt zwischen blechernem Pathos und zarter Poesie. So richtig entscheiden konnte sie sich nicht, zu impulsiv war wohl ihre Art. Die rasche Begeisterungsfähigkeit ließ sie häufig die Kitschbremse vergessen, besonders wenn es um die stolze Vergangenheit der Rheinburgen ging und edle Damen auf den vom Mondschein glänzenden Fluss blickten. Die melancholische Kunstfertigkeit, die Heinrich Heine in seinen Strophen zum Mythos Loreley einfließen lässt, stand ihr nicht zur Verfügung.

Lurleifischer
„Ein blonder Knabe fährt vorüber
am mondbestrahlten Felsenriff,
er lauscht hinüber und herüber
und treibt sein leicht beschwingtes Schiff…"

Weit entfernt sind diese Zeilen von einem *„Ich weiß nicht, was soll es bedeuten …"*. 1835 gab sie einen Zyklus von Romanzen, Balladen und Liedern unter dem Titel „Rheinischer Sagenkreis" heraus. Er sollte zur viel gefragten Erbauungsliteratur für Rheinreisende werden.

Adelheid von Stolterfoth stand in Kontakt zu vielen Dichtern ihrer Zeit, so zu Ferdinand Freiligrath oder Levin Schücking. Sie alle waren ihre Gäste – im Hause des Onkels. Sie wird als liebenswürdig und gesellig beschrieben. Mehr an Auskunft findet sich nicht. Auf einem Jugendportrait ist eine kräftig wirkende junge Frau mit leicht spöttischem Blick zu sehen. Nichts Elegisches scheint ihrer Erscheinung eigen gewesen zu sein – ein kleines Doppelkinn inbegriffen.

Die Konflikte mit der Frau ihres Onkels dürften vielleicht nicht ganz unbegründet gewesen sein. Jedenfalls heiratete sie mit 44 Jahren ihren 78-jährigen Onkel, der ein Jahr zuvor Witwer geworden war – eine Versorgungsehe. Die „rheinische Nachtigall" begleitete den siechen Gatten nun zu seinen Kuraufenthalten. 1859 starb er. Sie musste das Geisenheimer Haus verlassen. Ins nahe Eltville zog sie sich zurück. Eine alternde Frau, in tiefer Resignation gefangen. Mit ihrer Schwester Johanna nahm sie 1864 ihren endgültigen Wohnsitz in Wiesbaden, wo sie am 17. Dezember 1875 verstarb – beinahe schon vergessen.

Sie hatte den Ton ihrer Zeit getroffen. Ein romantisches, adliges Mädchen, das in die Welt hineinstürmte, um als mittellose Verwandte im Haus eines reichen Onkels zu leben, die sich einen Platz erobert hatte in der literarischen Gesellschaft. Ihr Werk wirkt heute altklug und angestrengt. Ihr lyrisches Talent lag wohl in der Begeisterung, die feineren Verästelungen, die den Zauber einer Landschaft hätten beschwören können, entdeckte sie nicht. Sie wird wohl kaum noch eine singuläre Erwähnung finden, allenfalls in den Betrachtungen zur Rheinromantik. Dennoch war es ihr gelungen, auf sich aufmerksam zu machen – die meisten ihrer männlichen Kollegen schrieben nicht besser als sie.

HERMIONE VON PREUSCHEN
(1854–1918)

EIN LEBEN GEGEN DEN STRICH DER KONVENTION, GEWÜRZT MIT EINER PRISE MAJESTÄTSBELEIDIGUNG

„…Und so fahr ich immer dem Glück entgegen und finde es nie!"

Die 1854 in Darmstadt geborene Hermione von Preuschen kam aus privilegierten Verhältnissen. Maximilian Freiherr von Preuschen und Liebenstein war ein hoher Beamter im Herzogtum Hessen. Seine Ehefrau Friederike, geborene Scheffer, stammte aus Althattendorf im Vogelsberg. Während ihrer Darmstädter Schulzeit erhielt Hermione privaten Malunterricht. Der Zugang zur Kunstakademie sollte ihr als Frau jedoch versperrt bleiben. Es gab nur die Möglichkeit, eine Malschule zu besuchen, die unabhängig von staatlichen Kunstschulen und Akademien privat betrieben wurden, was für die männlichen Künstler eine zusätzliche Einnahmemöglichkeit bedeutete.

Als 15-Jährige besuchte Hermione die Malschule von Ferdinand Keller (1842–1922) in Karlsruhe. Die Eltern konnten ihr das dreijährige Studium ermöglichen. Über ihre Kindheit und Jugend in Darmstadt ist wenig bekannt. Sie schien sich früh selbst erfunden zu haben. Später lebte ihre Familie, zu der noch die jüngere Schwester Wilhelmine gehörte, in Heidelberg.

Ferdinand Keller war ein bekannter Maler von Figurenbildern in dekorativer Art. Bei ihm lernte Hermione die Grundlagen des perspektivischen Zeichnens und den Umgang mit großen Formaten, was sie später als Historienmalerin auszeichnen sollte. Nach Beendigung der Ausbildung ging sie nach München, wo sie ihr erstes eigenes Atelier eröffnete. Ihre Blumenbilder waren angesagt. Schon damals reiste sie viel. Der Beginn einer rastlosen Umtriebigkeit, die sie ihr Leben lang begleiten sollte.

Und dann geschah doch das Unvermeidliche. 1882 heiratete sie den Münchner Arzt Oswald Schmidt und ging mit ihm zunächst nach Italien. Später lebten sie in München und ab 1886 in Berlin. Über die Kronprinzessin und spätere Kaiserin Victoria gewann sie Zugang zum Hof.

1887 machte der Skandal um ihr Gemälde „Mors Imperator" sie über die Grenzen Berlins hinaus bekannt. Das Bild, das den Tod als König der Könige darstellte, wurde von der königlichen Akademie der Künste wegen angeblicher Majestätsbeleidigung nicht zur Ausstellung zugelassen. Sie mietete daraufhin ein Ladenlokal und stellte das Bild gegen Eintritt selbst aus – ein finanziell überaus lohnendes Unterfangen.

Hermione von Preuschen – emanzipierte Künstlerin in einer Welt voller Neid und Missgunst

Privat verlief nicht alles so erfolgreich. Die Ehe mit Oswald Schmidt, aus der ein Sohn und eine Tochter hervorgingen, scheiterte. 1889 erfolgte die Scheidung. Ob sie damals schon den Dichter Konrad Telmann gekannt hatte ... möglich wäre es gewesen. 1891 wurde geheiratet. Der 1854 geborene promovierte Jurist entstammte einer Stettiner Patrizierfamilie und war als entschiedener Freigeist bekannt. Da hatten sich wohl zwei verwandte Seelen getroffen. Das Paar lebte in Rom, wo Telmann die Aufnahme in den „Deutschen Künstlerverein" verweigert wurde, da er zuvor in seinem Roman *„Unter* römischen Himmel" über „gewisse Typen" geschrieben hatte, die sich im Künstlerverein tummeln würden. Er galt als wenig angepasst. 1896 begleitete er seine Frau zum „Internationalen Kongress für Frauenwerke und Frauenbestrebungen" nach Berlin, wo Hermione als Rednerin auftrat:

„... ich hatte nämlich noch den naiven Glauben, die Männer seien unparteiisch, und wenn eine Frau wirklich einmal etwas wahrhaft Großes leiste, erkennten sie es bereitwillig an ... Im Laufe der Jahre und Erfahrungen bin ich leider von dieser Ansicht zurückgekommen."

Mit diesen Worten leitete sie ihre kämpferische Rede ein, worin sie die schlechte Ausbildungssituation der Künstlerinnen und die Widerstände seitens der Professoren an Kunstakademien beklagte, die in jeder talentierten Künstlerin eine unliebsame Konkurrenz sehen würden:

„Der talentvollen, hübschen Anfängerin schaut der Mann gutmütig duldsam von oben herab auf die Finger, wehe aber der Frau, die ernst genommen werden muss und die es wagt, ebenso Gutes oder gar Besseres zu leisten, als der Durchschnittsmann. Da bilden plötzlich alte Feinde selbst eine brüderlich geschlossene Phalanx gegen den Eindringling, den sie boykottieren möchten durch alle Länder der Erde."

Wenige Monate nach der Berlinreise starb in Rom mit nur 43 Jahren Konrad Telmann. Das Preußische Oberkonsistorium verweigerte seine kirchliche Bestattung in Rom.

Hermione, mittlerweile Mutter von zwei weiteren Töchtern, Helga und Ingeborg, begab sich auf Reisen. Indien, Ceylon und Burma waren die Stationen. Ihr Reisebericht mit dem Titel *„Durch Glut und Geheimnis"* erschien 1909 und wurde ein großer Erfolg. Ihre bildhafte Sprache, die kurzen Sätze, lassen ihre Literatur sehr modern erscheinen:

„... Dick war die Luft und weiß und schwer, hemmte den Atem, betäubte den Sinn. Ich saß dazwischen, scheu in der Ecke, trank schon den vierten süß-türkischen Mokka ..."

In Lichtenrade bei Berlin hatte sie sich 1908 eine Villa gekauft, der sie den Namen „Tempio Hermione" gab. Dort veranstaltete sie Feste, Ausstellungen und Lesungen. Zu ihren Gästen gehörte auch Rainer Maria Rilke. Sie, die Weltbürgerin, sorgte für Abwechslung im dörflichen Lichtenrade, eine Frau, an der sich Männerfantasien entzündeten, nicht nur wegen ihrer gewagten Dekolletés. 1911 trat sie in ihrem Aufsatz „Die sexuelle Moral der Frau" für die freie Liebe und die Probeehe ein.

Auf dem Grundstück ließ sie eine Ausstellungshalle errichten, wo sie ihre Bilder vorteilhaft präsentieren konnte. Für ihre *„Hermione von Preuschen Ausstellungen"* warb sie mit Postkarten, auf denen sie selbst zu sehen war. Sie verstand es, sich ausgezeichnet zu vermarkten, was die finanzielle Basis für dieses freie, unabhängige Leben bildete. Aufgrund ihrer starken und durchsetzungsfähigen Persönlichkeit konnte sie sich gegen Neid und Missgunst behaupten. Als Malerin hatte sie, wie alle Künstlerinnen ihrer Zeit, mit vielen Vorurteilen zu kämpfen. „Malweibchen" wurden sie doch gönnerhaft-ironisch genannt. So schätzte man auch sie als Blumenmalerin, lehnte es aber ab, sie als Erfinderin des historischen Stilllebens zu akzeptieren.

Der Erste Weltkrieg bedeutete eine Zäsur im Leben der emanzipierten Künstlerin. Das Reisen war nicht mehr möglich und viele ihrer Freunde kehrten aus dem Krieg nicht zurück. Ihre dekorative Welt war untergegangen. Am 12. Dezember 1918 endete das rauschende Lebensfest der Hermione von Preuschen. Ihre letzte Ruhestätte fand sie auf dem protestantischen Friedhof in Rom.

LUISE SCHULZE-BRÜCK

(1859–1918)

ROMANAUTORIN UND SOZIALKRITISCHE SCHRIFTSTELLERIN – EINE ENTWURZELTE EXISTENZ

„Und mit seliger Andacht las ich: Es war einmal …
Ach ja: Es war einmal."

Am 30. Mai 1859 wurde Luise Bram in dem Eifelstädtchen Hillesheim geboren – eine raue Gebirgslandschaft mit kurzen Sommern und kalten Wintern. Vier Töchter, Luise, Franziska, Maria, Helen, waren es im Haus des Amtsrichters Franz Bram. Eine behütete Kindheit, ein leutseliger Vater und das katholische Umfeld sollten prägend für das Leben der Bram-Töchter sein. Luise und Franziska würden Schriftstellerinnen werden. Mit der Versetzung des Vaters nach Koblenz ging es fort aus der karg-schönen Eifellandschaft an den Rhein. Luise würde sich bald verheiraten.

Mit ihrem Ehemann, dem Mainzer Spediteur Reinhard Brück, zog sie nach Bingen. Dort im ehemaligen „Hotel Victoria" war das Brück'sche Speditionskontor und die gutbürgerliche Wohnung des Ehepaares gelegen. In der neuen Umgebung fand sie sich schnell zurecht. Die Brücks gehörten zur guten Gesellschaft der kleinen Stadt, die durch Schifffahrt und den Weinhandel bedingt kein verhocktes Nest war. Zudem entsprach die aufgeschlossene und freimütige Art der Binger Bevölkerung Luises eigenem robusten Wesen.

Doch beließ sie es nicht dabei, auf Kaffeekränzchen mit Binger Damen zu plauschen. Sie begann mit dem Schreiben. Neben Veröffentlichungen in der Tagespresse schrieb sie den Erzählband *„Rheinische Leut"*, eine Liebeserklärung an ihre neue Heimat: ein Potpourri skurriler Figuren. Pralle Lebensfreude leuchtet aus diesem Werk, das heute leider vergriffen ist. Im Gegensatz zu ihrer Schwester Franziska, deren Werk ein ernster Grundton durchzieht, sind bei ihr Humor und Optimismus bestimmend. Eine Fotografie zeigt sie als stattliche, sinnenfroh wirkende Frau, der der Schalk aus den Augen blitzt.

Es hätte ein heiteres Leben sein können in der kleinen Stadt am Rhein, doch 1892 verstarb Reinhard Brück. Es folgte ein halbherziger Versuch, die Spedition allein weiterzuführen, was ihr nicht gelingen sollte. Als kinderlose Witwe von 33 Jahren ohne Vermögen ging sie eine zweite Ehe mit dem Schriftsteller Heinrich Schulze ein. Sie verlegten ihren Wohnsitz nach Berlin – eine fatale Entscheidung, denn in der Großstadt wurde sie nicht heimisch. Finanziell kaum abgesichert, versuchte sie mit dem Schreiben Geld zu verdienen.

Luise Schulze-Brück, wie sie sich nun nannte, nahm in ihrer journalistischen Arbeit immer wieder Stellung zu gesellschaftlichen Problemen ihrer Zeit. Ihre Sprache ist leicht verständlich und in der Sache konsequent. Sie scheint eine intensiv kämpferische Persönlichkeit gewesen zu sein, so blieb es nicht aus, dass sie die Gleichberechtigung der Frau in ihrem Werk thematisierte, ein Anliegen, das sie mit ihrer Schwester Franziska verband, die ihre Ansichten allerdings radikaler ausdrückte. Das Spielerische, das Luises Schreibstil auszeichnete, war der analytisch begabten Franziska Bram eher fremd.

Das Leben in Berlin wurde ihr zunehmend zur Belastung, obwohl eine Weile sogar ihre Schwester Franziska sich dort aufhielt. Luise Schulze-Brück versuchte ihre Sehnsucht nach der rheinischen Heimat mit Schreiben zu stillen. Der Roman „Das Moselhaus" erschien 1910.

Es kann wohl von einem Scheitern ihrer zweiten Ehe ausgegangen werden. Jedenfalls verließ sie 1912 Berlin endgültig und zog nach Lehmen an der Mosel, wo nun alle vier Schwestern Bram in sehr bescheidenen Verhältnissen zusammenlebten. Die Versorgung der vier Beamtentöchter hatte nicht deren ganzes Leben einbezogen. In einem Briefwechsel wird erwähnt, dass sie die Wintermonate häufig bei Verwandten in Hillesheim verbrachten, weil es ihnen an Heizmaterial fehlte.

Luise Schulze-Brücke – Schriftstellerin mit steter Sehnsucht nach der rheinischen Heimat

Luise Schulze-Brück war angekommen in ihrem Sehnsuchtsland – doch es blieb ihr nicht mehr viel Zeit. Am 12. Oktober 1918 starb sie in Lehmen.

Eine Frau ihrer Zeit: Das Geborgenheit gebende Elternhaus verlassend, jung zur Witwe geworden, führte sie ein Leben ohne Rückversicherung. Sie schlug sich durch, setzte ihr Talent ein. Eine lebhafte Erzählerin, die das Schicksal an einen Ort geschleudert hatte, wo sie nicht hatte sein wollen – das war sie. Die verhasste Stadt konnte sie nur aus dem gesellschaftlich kritischen Blickwinkel betrachten.

Ihre Schwester Franziska war die elegantere Stilistin, mit weniger „Rheinwein getauft" als sie und so wird Luise Schulze-Brück mit ihrem forschen Stil und der heiteren Betrachtungsweise bis heute gerne zu Unrecht als „Artikelschreiberin" abgetan. Wenn auch ihre journalistischen Beiträge Tagesgeschäft und Existenzgrundlage waren, so hat sie auch zwei wunderbare Romane hinterlassen.

META QUARCK-HAMMERSCHLAG
(1864–1954)

GROSSBÜRGERTOCHTER, SOZIALPOLITIKERIN, FRAUENRECHTLERIN

„Ich bin radikal bis in die Knochen."

1864 wurde sie als Margaretha Heinrichs in Hoechst am Main geboren. Ihr Vater Wilhelm Chrysostomos Heinrichs (1836–1908), war Eigner einer Chemiefabrik, die auf Emulsions-Gelatine zur Beschichtung fotografischer Negative spezialisiert war. 1889 fusionierte er mit einer Firma in Schweinfurt und zog von Hoechst nach Frankfurt, wo er sich am Röderbergweg ein herrschaftliches Wohnhaus erbaute.

Meta war die Älteste von vier Töchtern. Aufgewachsen in einem großbürgerlichen Umfeld, besuchte sie die Elisabethenschule, die ein Lehrerinnenseminar für den höheren Schuldienst an Mädchenschulen anbot. Diesen Weg würde Meta Heinrichs nicht einschlagen.

Eine Fotografie zeigt sie als nüchtern in die Kamera blickende junge Frau. Ob ihre frühe Ehe eine Vernunftentscheidung gewesen war? Eine romantische Träumerin steckte wohl nicht in ihr. Jedenfalls heiratete sie 1885 den Chemiker Wilhelm Hammerschlag und zog mit ihm für zwei Jahre nach Elberfeld. 1887 kam die junge Familie nach Frankfurt zurück, wo Wilhelm Hammerschlag Mitinhaber einer Firma zur Herstellung von fotografischen Trockenplatten wurde.

Ein Leben als wohlversorgte Ehefrau und Mutter schien vorgezeichnet zu sein. Die Frage, ob ihr dies auf Dauer genügt hätte, hat sie sich nicht stellen müssen. Am 24. Januar 1889 starb Wilhelm Hammerschlag. Meta war 25 Jahre alt, Witwe und alleinerziehende Mutter der dreijährigen Tochter Luise Ernestine (1886–1974). Sie brauchte eine Aufgabe, ohne gleich den nächsten Bewerber zu „erhören". Einen Beruf hatte sie nicht gelernt. So wurde sie Mitglied im Hauspflegeverein, der sich der Betreuung von armen Familien in Krisensituationen verschrieben hatte.

1899 zog sie nach Karlsruhe, wo sie eine geeignete Schule für ihre Tochter Luise gefunden hatte, an der diese das reguläre Abitur ablegen konnte, um später an einer Universität studieren zu können. Ihr selbst war solches nicht möglich gewesen.

1907 kam sie nach Frankfurt zurück und lebte zunächst im Haushalt ihrer jüngsten Schwester Leonore. Nach dem Tod des Vaters 1908 zog sie zu ihrer Mutter in die Villa am Röderbergweg. Tochter Luise studierte mittlerweile in Heidelberg.

Meta Hammerschlag setzte ihre sozialpolitische Arbeit fort. 1910 wählte die Stadtverordnetenversammlung sie ins Armen- und Waisenamt. Sie war Mitinitiatorin einer Beratungsstelle für geschlechtskranke Frauen und kümmerte sich um gefährdete Jugendliche. Zuvor hatte sie sich in der Frauenbewegung, deren linksliberalen Flügel sie zuzuordnen war, für die Entkriminalisierung der Prostitution engagiert. 1911 trat sie in die SPD ein.

Seit 1901 saß Ernst Max Quarck (1860–1930) als erster und zunächst einziger Sozialdemokrat in der Frankfurter Stadtverordnetenversammlung. Dem promovierten Juristen aus Rudolstadt war eine ausgeprägte Neigung zum Streit eigen. Auch Meta Hammerschlag geriet mit ihm aneinander. Er nannte eine politische Aussage von ihr „feigen Weiberkram". Es hat wohl ziemlich „gekracht" zwischen ihnen.

Doch irgendwann musste eine Beruhigung eingetreten sein, denn 1916 heiratete der geschiedene Ernst Max Quarck die Witwe Meta Hammerschlag. Ein nicht mehr junges Paar. Er hatte seinen einzigen Sohn Martin im Ersten Weltkrieg verloren. Sie bezogen die Heinrichs'sche Villa, und das ursprünglich für einen Kutscher erbaute Fachwerkhäuschen nebenan diente ihnen als Bibliothek und Arbeitsstätte. Eine durchaus komfortable Haushaltsführung in einer nicht immer einfachen Lebensgemeinschaft. Einzig in ihrer politischen Arbeit bildeten sie ein „gutes Gespann".

Wenig Privates ist aus dem Leben der Meta Quarck-Hammerschlag in Erfahrung zu bringen. Es hat den Anschein als sei sie vollkommen in ihren vielen Aufgaben aufgegangen.

Meta Quarck-Hammerschlag - Mitgründerin der Frankfurter Arbeiterwohlfahrt

Am 21. November 1930 starb Ernst Max Quarck im Alter von 70 Jahren – und auf sie selbst wartete eine schlimme Zeit: Am 13. März 1933 war es so weit. Es erfolgte ihre Suspendierung vom Amt der ehrenamtlichen Stadträtin. Zugleich wurde ihr die „Ausübung von Amtsgeschäften" mit sofortiger Wirkung untersagt. Die Arbeiterwohlfahrt war von den Nationalsozialisten verboten worden.

Im August 1943 verließ sie Frankfurt am Main und kam in Limburg bei Verwandten der Familie Hammerschlag unter. Die Bombardierungen hatten auch die Villa am Frankfurter Röderberg getroffen. Meta Quark-Hammerschlag kehrte 1948 nach Frankfurt zurück – in eine zerstörte Stadt. Mittlerweile 84 Jahre alt, doch bei leidlich guter Konstitution, gehörte sie zu den Neugründerinnen der Frankfurter Arbeiterwohlfahrt.

Die letzten Jahre ihres Lebens verbrachte sie bis zu ihrem Tod am 11. August 1954 im Haushalt der Gewerkschaftlerin Marie Bittorf (1886–1974), mit der sie eine langjährige Freundschaft verband. Eine späte Ehrung wurde ihr noch zuteil, als sie 1952 das Bundesverdienstkreuz am Bande erhielt. Außerdem bezog sie eine städtische Ehrenrente.

Ein beeindruckend breit angelegtes politisches und soziales Engagement zeichnet das Leben der Meta Quarck-Hammerschlag aus. Sie hatte ihre Aufgabe gefunden – war so vielleicht einem bürgerlich-öden Frauenschicksal knapp entgangen.

Ein Porträt zeigt sie 1921 als elegante ältere Dame. Das Spröde ist einer freundlichen Abgeklärtheit gewichen.

1920/21 gehörte sie zu den Mitgründerinnen der Frankfurter Arbeiterwohlfahrt. Während der Weimarer Republik nahm sie von 1919 bis 1924 und von 1926 bis 1933 die Funktion einer ehrenamtlichen Stadträtin als erste Frau im Magistrat der Stadt Frankfurt ein. Erst 1921 kam mit Else Alken von der Zentrumspartei eine zweite Frau hinzu.

IDA COBLENZ-DEHMEL
(1870–1942)

VON DER GEHORSAMEN TOCHTER ZUR DICHTERMUSE – EINE LIEBE IM ZEICHEN DES WIDERSPRUCHS

Ida Dehmel – ein Leben für die Kunst

„Wir wissen, dass, so wie die Sonne Blüten erweckt, Liebe Gegenliebe hervorruft. Öffnet Eure Herzen Euern Mitschwestern! Wenn Alle geben, werden Alle empfangen."

1870 wurde sie als Tochter des Weinhändlers Simon Zacharias Coblenz und der Emilie Meyer in Bingen am Rhein geboren. Mitten in der Altstadt von Bingen lag das Elternhaus in der Kirchstraße. In ihrem autobiografischen Roman „Daija" beschreibt sie diese Umgebung so: *„... wir wohnten in einem großen Haus mit einem großen Garten, der so viel Wege hatte, dass er wie ein Wald war ..."* Ein zauberischer Winkel inmitten alter Gassen – heute überfrachtet von brutaler Allzweck-Architektur.

Fünf Kinder, Alice, Hedwig, Cornelius, Ida und die früh verstorbene Marie-Louise wuchsen im Hause Coblenz auf – eine Kindheit in einer kleinen Stadt, ein wenig abgeschottet

und überwacht. So erinnert sich Ida Dehmel: *„Wir kamen nicht in andere Häuser. Aber Kinder fühlen soziale Unterschiede schon sehr früh. An der Art, wie uns die Leute auf der Straße grüßten, merkten wir, dass wir was Besseres waren."* Es fiel den Coblenz-Kindern nicht leicht, Freundschaften mit Gleichaltrigen zu schließen, was an der konservativ starren Haltung des Vaters gelegen haben könnte. *„Mein Vater dachte wohl, wir könnten im Umgang mit den Binger Kindern nichts Erfreuliches lernen",* schrieb sie später diese Erfahrung nieder.

1878 starb die Mutter. Ida Dehmel erinnerte sich: *„Meine ganze Jugend spaltet sich dadurch in zwei Hälften, eine sonnige, glückliche, reiche, so lang meine Mutter lebte, eine frostige, verbitterte nach ihrem Tod."* Eine Stiefmutter kam nicht ins Haus, dafür wechselten ständig die Hausdamen. Die Strenge des Vaters und die fehlende emotionale Beziehung zu seinen Kindern, waren eine schwere Bürde für die kleine Ida.

Nach und nach zogen die Coblenz-Töchter in Pensionate, wo sie den letzten „Schliff" bekommen sollten, um dann in gar nicht so ferner Zukunft einen vom Vater ausgewählten Mann zu heiraten. Im Frühjahr 1885 war Ida an der Reihe. Für sie war das „Pensionat Héger" in Brüssel vorgesehen, wo sie unter Einsamkeit und Diskriminierung litt. Ende des Jahres kehrte sie wieder nach Bingen zurück. *„Die auf die Pensionszeit folgenden Jahre waren die ödesten meines Lebens … Ein paar äußerst schüchterne Versuche mich zu verlieben – das gab schließlich keinen ausreichenden Lebensinhalt"*, erinnerte sie sich.

Ein trauriges hübsches Mädchen, zierlich, sehr apart. Sie hatte sich heimlich mit einem Leutnant, Heinz von Hahn, ohne Wissen ihres Vaters getroffen. Die Reaktion des Vaters war die radikale Ablehnung. Er würde für seine Tochter den geeigneten Ehemann auswählen, wie er es zuvor schon bei Alice und Hedwig getan hatte. Die Geschichte mit dem Leutnant verlief sich. Sie hatte jetzt einen „Seelenfreund" in Bingen gefunden: Stefan George. Eine lange Freundschaft der beiden „Außenseiter" in einer kleinen Stadt am Rhein sollte beginnen, bis Richard Dehmel in Idas Leben trat. Zwei „Platzhirsche" der deutschen Literatur. Das konnte nicht gut gehen.

Schließlich setzte der Vater seinen Willen durch. Er hatte einen Mann für sie gefunden, den Berliner Kaufmann Leopold Auerbach. 1895 fand die Hochzeit statt. Noch im selben Jahr wurde Idas einziges Kind, Heinz Lux Auerbach-Dehmel, geboren. Die Ehe schien von Anfang an nicht sonderlich glücklich gewesen zu sein, doch sie hatte es raus aus der Binger Enge in eine Villa am Berliner Tiergarten geschafft. Die Vermögensverhältnisse erlaubten es ihr, sich intensiver der Kunst und Literatur zuzuwenden – einer frühen, nie geförderten Leidenschaft. Bald wurde ihr Salon ein bekannter Treffpunkt in Berlin. Sie hatte in ihre Rolle gefunden.

Ihre Ehe wurde durch die Untreue ihres Mannes, sie hatte ihn in flagranti mit der Köchin erwischt, auf immer härtere Proben gestellt. Dennoch musste eine Trennung genau überlegt werden. Ihre Mitgift könnte verloren gehen. Nach einer Reise zu ihrer Schwester Alice nach Mannheim wurde sie bei ihrer Rückkehr in Berlin mit dem Bankrott ihres Mannes konfrontiert, verursacht durch betrügerische finanzielle Spekulationen.

Und dann begegnete ihr Richard Dehmel. Er war damals auf dem Höhepunkt seiner Popularität, traf in seiner Lyrik den Ton der Zeit. Er musste sie fasziniert haben. Ein Mann, der sinnlich erotische Lyrik schreiben konnte,

35

wenn auch ornamental überladen. Mit seiner Frau, der Märchendichterin, Paula Oppenheimer, hatte er drei Kinder. Eine Liaison begann.

Ida zog mit ihrem Sohn in die Nähe der Dehmels. Nach dem misslungenen Experiment eine Dreierbeziehung zu führen, verließ Dehmel seine Familie. Idas Vater missbilligte ihr Verhalten. An seine Tochter Hedwig in München schrieb er: *„Mit Ida zu korrespondieren wird mir sehr schwer fallen, seitdem ich mancherlei gehört habe. Ein Kind anständiger Eltern sollte das stets eingedenk sein und danach leben. Es gibt Gesindel genug, das die Schranken des gesitteten Lebens überspringt und daraus Erwerben zieht. Wer sich in diese Gesellschaft begeben hat, gehört nicht mehr zu anderen, ich will sehen, ob's geht …"* Die Beziehung zu dem berühmten Dichter bedeutete für Ida die Befreiung aus einer unglücklichen Ehe. Gleichzeitig verstanden es beide, ihre Verbindung zu einem intensiven körperlichen und seelischen Miteinander zu idealisieren.

Um dem öffentlichen Druck zu entkommen, entschloss sich Dehmel mit seiner neuen Gefährtin eine Reise zu unternehmen, die sie beide bis nach Griechenland führen sollte. Auf dem Rückweg erkrankte Ida an Typhus. Überhaupt hatte sie unter ihrer fragilen Gesundheit immer zu leiden, was bei ihrer Energie und Zähigkeit kaum auffiel.

Endlich waren beider Ehen geschieden und das Paar heiratete 1901 in London. Ihren Wohnsitz nahmen sie in Heidelberg, von wo aus sie Kontakte zur Künstlerkolonie in Darmstadt auf der Mathildenhöhe unterhielten. Ende des Jahres 1901 zogen sie nach Blankenese bei Hamburg, wo sie sich mit Künstlern aller Sparten umgaben. Geselligkeit spielte eine große Rolle in diesem Lebensentwurf. Ida Dehmel, die im engeren Sinne keine Künstlerin gewesen ist, führte nun eine Werkstatt für künstlerische Perlarbeiten, beteiligte sich an Ausstellungen und wurde Mitglied im Deutschen Werkbund. Als Redakteurin des Organs *„Frau und Staat"* engagierte sie sich für Frauenrechte, schrieb Zeitungsartikel und Rezensionen.

Und dann kam der Erste Weltkrieg. Richard Dehmel hatte sich freiwillig an die Front gemeldet. Ein grimmiges Kriegerbild von ihm blieb der Nachwelt erhalten. Er sollte aus dem Krieg zurückkommen – doch Idas einziges Kind, der Sohn Heinz Lux, war am 6. Januar 1917 gefallen. Nur schwer konnte sie diesen Schicksalsschlag verkraften, und erst sehr langsam fand sie in das, was Normalität war, zurück.

Es schien sich das gute Leben, jener Austausch von Kunst und Eros, verabschieden zu wollen. Richard Dehmel starb am 8. Februar 1920 an einer Venenentzündung. Nach seinem Tod widmete sie sich der Pflege seines literarischen Nachlasses. Der Verkauf des von ihr angelegten Dehmel-Archivs an die Stadt Hamburg ermöglichte es, das Dehmelhaus als Erinnerungsort vorerst zu erhalten. Die „Dehmel Gesellschaft" wurde von den Nationalsozialisten aufgelöst, konnte sich aber nach dem Zweiten Weltkrieg wieder etablieren, um dann Ende der Sechzigerjahre endlich Geschichte zu werden. Die Stadt Hamburg interessierte sich nicht für ein Dehmel-Haus. Richard Dehmel war zu diesem Zeitpunkt schon ein vergessener Autor. Doch dies alles würde Ida Dehmel nicht mehr erleben. Vielleicht wäre es bei ihrer energischen Art auch nicht dazu gekommen.

1926 gründete sie den Künstlerinnenverband GEDOK, der Künstlerinnen aller Sparten und Kunstförderer vereinigte. Sie übernahm den Vorsitz im Dachverband. 1933 musste sie ihren Vorsitz niederlegen – eine schlimme Zeit. Das berühmte Licht am Ende Tunnels leuchtete ihr nicht mehr. Ein Foto von 1939 zeigt sie im Garten des Dehmelhauses. Eine mädchenhafte Gestalt, die still sinnierend in die Kamera schaut.

Am 29. September 1942 setzte sie mit einer Überdosis Schlaftabletten ihrem Leben ein Ende – kam so vielleicht einer Deportation zuvor. Ein Leben für die Kunst endete – es war auch das Ende einer Utopie. In Bingen finden sich nur noch die Gräber ihrer Vorfahren auf dem Jüdischen Friedhof hoch über der Stadt, wo der Wald beginnt und die Wege sich kreuzen, jene Pfade, die sie mit einem anderen Dichter ging: Stefan George, der sein Grab im fernen Tessin gefunden hat.

ROSA ALBACH-RETTY
(1874–1980)

VON HANAU NACH BERLIN BIS WIEN – EINE KARRIERE MIT ZWISCHENTÖNEN

„So kurz sind hundert Jahre."

Am 2. Weihnachtstag 1874 wurde sie als Tochter des Schauspielers und Regisseurs Rudolf Retty und der Sängerin Marie Katharina (Käthi) geb. Schäfer in Hanau geboren – eine Schauspielerdynastie war die Familie Retty. Schon der Königsberger Großvater Adolf Retty hatte seinen Lehrerberuf zugunsten des Theaters aufgegeben.

Die schauspielerische Ausbildung erhielt Rosa durch ihren Vater, der Hanau verlassen hatte und am Deutschen Theater in Berlin engagiert war. Seine Spezialität waren Heldenrollen. Ihr eigenes Bühnendebüt gab sie 1891 in Shakespeares „Das Wintermärchen". Schon zu Beginn ihrer Karriere feierte sie große Erfolge im Fach der Naiven, später sollten es elegante Salondamen sein. Nach und nach entwickelte sie sich zur Charakterdarstellerin.

Von 1895 bis 1903 war sie am Deutschen Volkstheater in Wien engagiert und danach

Aus ihrer Ehe mit Karl Albach, einem k.u.k. Offizier, hatte sie den Sohn Wolf Albach-Retty (1906–1967), der ebenfalls Schauspieler wurde. Dessen 1938 geborene Tochter Romy sollte ein Weltstar werden.

Das Publikum bejubelte Rosa Albach-Retty. Eine Anbiederung an die neuen Machthaber hätte sie nicht nötig gehabt, dennoch applaudierte sie bei der Volksabstimmung über die Vereinigung Österreichs mit dem Deutschen Reich. Wenn sie auch nie der NSDAP beitrat, war sie eine bekennende Verehrerin Hitlers und Mitglied der Vaterländischen Front. Im Gegenzug wurde sie von der nationalsozialistischen Kulturpolitik hofiert. Sie hatte auf das richtige Pferd gesetzt. Es ging ihr gut. Nie distanzierte sie sich von ihrer Haltung. Es sollte ihre polyglotte Enkelin Romy Schneider sein, die sich mit dieser Problematik auseinandersetzte, womit sie aber bei der Doyenne vom Burgtheater auf Unverständnis stieß.

Bei Romy Schneiders Eltern hatte die Willfährigkeit ebenfalls als Karriereschub gedient. Ihre Mutter Magda Schneider, diese emsige Schauspielerin und ehemalige Stenotypistin, konnte sich über mangelnde Rollenangebote nicht beklagen und der Vater, der schöne Wolf Albach-Retty, war im vorauseilenden Gehorsam schon im Mai 1933 Förderndes Mitglied der SS geworden. Der Beliebtheit von Rosa Albach-Retty hatte deren Nähe zum NS-Regime und ihre offen zur Schau getragene Hitlerverehrung nichts anhaben können. Politisch zeigte sie Anpassungsfähigkeit. In den Nachkriegsjahren sollte sie noch viele Ehrungen erfahren.

am Wiener Burgtheater, wo sie 1912 den Titel „Hofschauspielerin" erhielt – eine rasante Karriere für die anfangs so jugendlich unbekümmert agierende Bühnenschönheit. Im Verlauf ihrer langen Theaterlaufbahn sollte sie in mehr als 300 Rollen auf der Bühne gestanden haben. Seltener war sie in Filmrollen zu sehen. Es waren dies u. a. „Wen die Götter lieben" (1942), „Maria Theresia" (1951), oder „Der Kongress tanzt" (1955).

Sie war eine robuste Persönlichkeit. Rigoros und egozentrisch, das war sie ihrem Ruf schuldig, Mimosen gehörten eben nicht auf die Bretter, die die Welt bedeuten. Ihre letzten Lebensjahre verbrachte sie in Baden bei Wien in einem Künstleraltersheim, wo sie im Alter von 105 Jahren verstarb.

Und Hanau? Eine Zufälligkeit.

JOHANNA SENFTER
(1879–1961)

TOCHTER AUS GROSS-BÜRGERLICHER FAMILIE – IHR LEBEN LANG DER MUSIK VERFALLEN

„Hört und spielt meine Musik, dann versteht ihr mich."

Johanna Senfter – überragende Komponistin, aber zu introvertiert für die Bühne

Oppenheim, einmal das „Jerusalem über dem Rhein" genannt: alte Gassen, viel lieblicher Barock umgeben von schattigen Hausgärten. Weite Gänge, die sich im Untergrund verirren, durchziehen den Hang auf dem die Stadt entstanden ist. Farbglühend leuchtet die „Oppenheimer Rose" der Katharinenkirche weit über die Zeit. In diesem reizvollen Städtchen wurde Johanna Senfter als jüngstes von sechs Kindern in begüterte Verhältnisse hineingeboren. Ihr Großvater mütterlicherseits war der Chinin-fabrikant Friedrich Koch, dem es gelungen war, aus Chinarinde ein wirksames Mittel gegen die Malaria, die damals auch in den Rheinsümpfen grassierte, zu gewinnen. Der Vater Georg Senfter, ein Ziegeleibesitzer, erwarb den alten Adelssitz Sparrhof samt einem Weingut. Ein kultivierter, großbürgerlicher Lebensstil wurde gepflegt – für ein Kind jener Zeit ein glücklicher Start ins Leben.

Nach dem Besuch eines Mädchenpensionats in Frankfurt, wo sie den üblichen Klavier- und Gesangsunterricht erhielt, begann sie mit 16 Jahren am „Hoch'schen Konservatorium" in Frankfurt ein Musikstudium für Theorie und Komposition, Violine, Klavier und Orgel.

Talent hatte sie schon früh gezeigt, doch als sie mit 13 Jahren an Diphterie erkrankte, schien es mit allen schönen Hoffnungen vorbei zu sein. Von der schweren Krankheit erholte sie sich wieder, dennoch behielt sie lebenslang eine instabile Gesundheit zurück.

Das Studium am Konservatorium schloss sie 1903 ab, um danach nach Leipzig zu übersiedeln, wo sie in der Kompositionsklasse im „Königlichen Leipziger Konservatorium" Schülerin von Max Reger wurde. Neben Cornelia Auerbach, Marie Klinger und Sophie Maur war sie eine der wenigen Reger-Schülerinnen. Reger muss sie außerordentlich geschätzt haben und bestärkte sie vor allem in ihrer stilistischen Eigenständigkeit. Das Studium in Leipzig beendete sie 1909 und erhielt für die beste studentische Komposition den „Arthur Nikisch Preis". Vieles hatte sie, die Perfektionistin, erreicht, doch war sie zu scheu um jetzt die großen Konzertbühnen zu betreten.

Auf Fotografien lagert etwas Verstörtes, wie ans Licht Gezerrtes, in ihrem Ausdruck. Ihre klugen Augen scheinen nach innen gerichtet zu sein. Die Tür zur Welt hat die Zwienacht geschlossen. In ihrem von einer schwachen Gesundheit überschattetem Leben, bewegte sie sich in einem Umfeld, wo ihr, der hochbegabten Frau, eigentlich nur ein Nischendasein

Die passionierte Komponistin sollte nach ihrem Tod rasch vergessen sein

angeboten wurde. Sie musste allein durch ihr Talent überzeugen. Eine Tastenlöwin war sie nicht geworden, doch komponierte sie ununterbrochen. Mehr als 134 Werke aller Gattungen, mit Ausnahme der Oper, zeugen von ihrer reichen Schaffenskraft. Hin und wieder gab sie Konzerte für Piano, Cello, Violine und Viola, Gewiss waren dies nicht ihre persönlichen Sternstunden.

1923 gründete sie in ihrer Heimatstadt einen Bachverein, wo sie regelmäßig Bach'sche Kantaten aufführte. Einer ihrer wenigen nach außen gerichteten musikalischen Aktivitäten. Mehr und mehr zog sie sich in eine selbst gewählte Isolation zurück, um sich ausschließlich und leidenschaftlich der Musik zu widmen.

Diese überragende Musikerin und passionierte Komponistin sollte nach ihrem Tod rasch vergessen sein. Es kommt nicht von ungefähr, dass es kaum Tonträger gibt, man allein auf ihre Noten zurückgreifen muss.

Sie lebte ein Leben in weitgehender Zurückgezogenheit, und doch hatte sie sich gegen Konkurrenten bewähren müssen, von denen viele dem Vorurteil anhingen, dass Frauen niedlich am Klavier klimpern sollten – als Zierde der Gesellschaft. Davon war Johanna Senfter weit entfernt gewesen.

MELANIE MICHAELIS
(1882–1969)

VIOLINISTIN UND VIOLINPÄDAGOGIN

„Ein herzerfreuendes Musizieren konnte man an dem Beethoven-Brahms-Abend hören, den Melanie Michaelis und Max Pauer veranstalteten …"

Melanie Michaelis wuchs zusammen mit fünf Geschwistern (Ella, Gertrud, Else, Alfred, Hans) in Wiesbaden auf. Ihr Vater Arthur Michaelis war Direktor des Wiesbadener Konservatoriums und ihre Mutter Auguste die Tochter des Komponisten Albert Parlow. Früh hatte sich Melanies große musikalische Begabung gezeigt. Es folgte der Besuch einer „Höheren Töchterschule" und Violinunterricht durch den Vater am Konservatorium.

Mit 16 Jahren ging sie 1898 nach Berlin, wo sie das Fach Violine an der Königlichen Hochschule für Musik studierte. Im Wintersemester 1902/03 legte sie die Reifeprüfung an der Hochschule ab und wurde dabei in allen Unterrichtsbereichen vor dem versammelten Kollegium geprüft. In den folgenden Jahren bewarb sich Melanie Michaelis um das begehrte Felix-Mendelssohn-Bartholdy-Staatsstipendium, das mit 1500 Mark dotiert war und jährlich für alle Instrumente an den Musikhochschulen Deutschlands ausgeschrieben wurde. 1905 spielte sie dabei das Violinkonzert D-Dur (op. 77) von Johannes Brahms und erhielt 300 Mark. Aus den Wettbewerbsunterlagen ist zu entnehmen: „Sehr anerkennenswerte Leistung. Muss sich vor übermäßigem Tremolieren und Eilen in der Ausführung hüten! Manche energischen Stellen gelangen vorzüglich. Spielt rein. 300 Mark" Ein Jahr später spielte sie an gleicher Stelle Joseph Joachims Variationen e-Moll (o. op.), und ihr Lehrer notierte: „Vorzügliches Spiel, technisch sicher und belebt, etwas zu schnell. Ohne Erfolg."

Nach ihrem Debüt 1906 mit den Berliner Philharmonikern konnte sie sich im internationalen Musikleben als Solistin und Kammermusikerin etablieren. Konzertreisen führten sie nach Russland, Holland, England und in die Schweiz. Im Mai 1908 berichtete das „Musikalische Wochenblatt": „Die Geigerin Melanie Michaelis aus Wiesbaden absolvierte eine Anzahl Konzerte in Russland, u. a. in Petersburg, Riga, Charkow und errang überall großen Erfolg."

Die Violinistin Melanie Michaelis in St. Petersburg, 1905

Eine weitere Russlandreise folgte 1911 und in der Allgemeinen Musikzeitung von 1917 war zu lesen: „Melanie Michaelis beherrscht ihr Instrument technisch in hoher Vollkommenheit und weist sich zugleich als ein beachtenswertes Geigentemperament aus, das freilich mitunter (c-moll-Sonate) ins allzu Stürmische ausartet und dabei ins Reißen des Tones." Eine Kritik, die immer wieder geäußert wurde. Sie muss sehr temporeich gespielt haben, was man bei Violinistinnen nicht so gerne sah. Eine Teufelsgeigerin war eben nicht vorgesehen.

Ab 1911 hatte sich Melanie Michaelis dauerhaft in München niedergelassen und wirkte dort als Violinistin und Violinpädagogin. Bereits 1912 hatte sie ein Streichquartett, das „Michaelis-Quartett", gegründet. Die Kritik reagierte verhalten, sprach von einem reichlich konventionellen Klavierquartett. Es habe am ausgeglichenen Zusammenspiel gefehlt. Das Michaelis-Quartett bestand bis 1940.

In den folgenden Jahrzehnten zeigte Melanie Michaelis im internationalen Konzertleben weiter Präsenz. Zudem gehörte sie in den 1930er-Jahren zu den bekanntesten Interpretinnen aktueller Musik, brachte Werke von Hindemith, Honegger, Prokofjew, Ravel und anderen zur Aufführung.

Wo und wie sie die Kriegsjahre verbrachte, kann nicht eruiert werden. Sie hatte eine große Familie. Vielleicht war sie dort untergekommen. In den Nachkriegsjahren konzertierte sie häufig auf Schloss Elmau, wo sie sich zuvor schon des Öfteren lange aufgehalten hatte.

Dort auf dem Einödanwesen bei Garmisch hatte ein besonderer, nicht immer guter Geist geherrscht, denn der Eigner von Schloss Elmau, Johannes Müller, Philosoph und Theologe, hatte in einem sehr ambivalenten Verhältnis zum Nationalsozialismus gestanden. Welche Haltung Melanie Michaelis seinerzeit eingenommen hat, ist nicht bekannt. Überhaupt fehlt es an ausführlichen Lebenszeugnissen, die über den musikalischen Part hinausgehen.

Sie hat nie geheiratet. Ein Techtelmechtel mit Wilhelm Furtwängler wurde ihr nachgesagt – eine halbherzige Geschichte. Im Alter von 87 Jahren verstarb sie in ihrer Wahlheimat München am 20. April 1969.

Als Künstlerin berühmt, verehrt – und heute beinahe vergessen. Eigene Werke oder Bearbeitungen sind von ihr keine erhalten.

SOPHIE SONDHELM

(1887–1944)

EINE STARKE, MUTIGE FRAU IN ZEITEN VON UNRECHT UND FINSTERNIS

„Ich wandre durch Theresienstadt,
das Herz so schwer wie Blei.
Bis jäh mein Weg ein Ende hat,
dort knapp an der Bastei …"
(Ilse Weber 1903–1944)

1887 wurde Sophie Sondhelm in der Gemeinde Kleinlangheim im heutigen Landkreis Kitzingen als Tochter der Eheleute Seligmann und Amalia Sondhelm geboren. Sie war

das drittjüngste Kind der Familie – Cerri (1880), Babetta (1881), Heinrich (1885), Hedwig (1888), Mina (1890). Zuzuordnen ist die Familie Sondhelm dem Landjudentum, der Vater war Bäcker und Viehhändler.

Obwohl oft schon seit Generationen in den kleinen Orten lebend, mussten die Angehörigen des Landjudentums immer wieder Ausgrenzung in Belangen des alltäglichen Lebens erfahren. Ausweg aus dieser Situation blieb für viele die Abwanderung in die Städte, und vor allem, ab Mitte des 19. Jahrhunderts, die Auswanderungen nach Übersee. Eine andere Möglichkeit den bedrückenden Verhältnissen zu entkommen, bestand in der Bildung – ein hohes Gut in jüdischen Familien.

Sophie verließ ihren Heimatort um eine Ausbildung zur Krankenschwester im „Israelitischen Asyl für Kranke und Altersschwache" in Köln zu absolvieren. Meist war sie dort als Operationsschwester tätig.

Die jüdische Kinderheilstätte in Bad Kreuznach wurde im Mai 1920 eröffnet – ein helles, geräumiges Anwesen auf der Cecilienhöhe über der Nahe. Die salzhaltige Luft im Salinental sollte bei Erkrankungen der Bronchien eine heilsame Wirkung haben. Für die Kinder aus den rheinischen Schwerindustrieregionen war es ein guter Ort. Sophie Sondhelm war die Leitung der Heilstätte übertragen worden. Sie galt als gute Organisatorin, tüchtige Wirtschafterin und herausragende Erzieherin. Liebevoll und mitfühlend kümmerte sie sich um die ihr anvertrauten Kinder, gestaltete selbstbestimmt und aktiv ihr Leben. So hätte es bleiben können, doch die Zeit stand nicht still.

Am 9. November 1938 wurde das Heim auf der Cecilienhöhe nach vorheriger Demolierung durch nationalistische Schlägertrupps geschlossen – wegen „Verdreckung" hieß es im brachialen Sprachgebrauch jener Zeit. Eine wertvolle Immobilie stand somit leer und war frei für die Begehrlichkeiten der neuen Machthaber. Bei den Bombardierungen von Bad Kreuznach sollte ein Teil des Hauses zerstört werden. Um 1960 entstand auf dem Gelände, nach Abriss der noch vorhandenen Gebäudeteile das Schwesternheim des Viktoriastiftes.

Nach der Schließung des Hauses begab sich Sophie Sondhelm wieder nach Köln, wo sie als Krankenschwester im ehemaligen jüdischen Kindergarten gebraucht wurde. Offensichtlich wollte sie von dort aus einen Kindertransport nach Palästina begleiten, was aber nicht gelang. Die Einreiseerlaubnis in das unter britischem Mandat stehende Palästina galt nur für sie, der

gut ausgebildeten Krankenschwester. Sie verzichtete auf dieses Angebot. Später unternahm sie noch einmal den Versuch, mit einer Kindergruppe nach Palästina zu kommen, doch auch diesmal konnte sie ihren Plan nicht umsetzen.

Nachdem ihr Neffe in die USA ausgewandert war, hatte er zweimal eine Einreiseerlaubnis für sie erwirkt, doch Sophie Sondhelms Verantwortungsbewusstsein für die ihr Anvertrauten ließ die Emigration nicht zu.

Im August 1939 übernahm sie die Leitung des Altersheimes „Friedrichsheim" in Gailingen am Bodensee. Die jüdischen Bewohner des Heimes aus Baden und der Pfalz wurden 1940 nach Gurs in Süd-Frankreich deportiert. Sophie Sondhelm ging mit den nicht transportfähigen Alten nach Konstanz, wo sie im Jüdischen Gemeindehaus Unterschlupf fanden. Im Jahr darauf wurde auch diese Gemeinschaft aufgelöst und die Heimbewohner am 29. April 1942 nach Izbica bei Lublin deportiert – in den sicheren Tod.

Sophie Sondhelm war schon zuvor vom Jüdischen Kinderheim in Neu-Isenburg angefordert worden. Ein Briefwechsel der „Bezirksstelle Hessen-Nassau der Reichsvereinigung der Juden in Deutschland" an die Gestapo in Offenbach (18. November 1941) gibt darüber Auskunft: *„Die bisherige Leiterin dieses der Reichsvereinigung der Juden in Deutschland gehörenden Heimes, Fräulein Helene Sara Krämer, ist ausgewandert. Wir haben an Ihrer Stelle Schwester Sophie Sara Sondhelm ... mit der Leitung des*

Sophie Sondhelm, immer im Dienste der ihr Anvertrauten

näher – und es war zu spät, um noch zu gehen. Wie die beiden Frauen die letzten Monate verbrachten und die Bombenangriffe auf Darmstadt erlebten ist nicht dokumentiert. Es müssen Monate der Ungewissheit gewesen sein – und die Schikanen gingen weiter.

Am 10./12. Februar 1943 wurden Sophie Sondhelm und Hanna Königsfeld nach Theresienstadt deportiert. Dort traf Sophie ihre älteste Schwester Carri wieder. Selbst in dieser verzweifelten Situation zeigte sie sich hilfsbereit und versuchte ihre Fähigkeiten als Krankenschwester einzusetzen, wie später Mitgefangene aus Theresienstadt bezeugen würden. Es sollte sie und ihre Gefährtinnen nicht retten. Am 9. Oktober 1944 ging sie mit ihrer Schwester und der Freundin Hanna auf den Transport nach Ausschwitz.

Sophie Sondhelm, eine außerordentliche Persönlichkeit, eine couragierte, mutige und selbstlos handelnde Frau, wurde ein Opfer von Hass, Gewalt und Demagogie. Mehrmals hätte sie die Möglichkeit gehabt, das Land zu verlassen, doch ihr Verantwortungsbewusstsein verhinderte es.

Eine energische Persönlichkeit muss sie gewesen sein, stolz und sehr klug. Nie soll sie ihren Mut, jene Courage verloren haben, die sie einst aus dem fränkischen Dorf in die große Stadt am Rhein geführt hatte.

Die IGS Bad Kreuznach trägt heute den Namen von Sophie Sondhelm – eine Schule ohne Rassismus.

Heimes betraut. Wir bitten, der Genannten die Zuzugsgenehmigung zu erteilen."

Das Neu-Isenburger Heim war schon in der Pogromnacht am 9. November 1938 teilweise durch Brand zerstört worden und sollte in absehbarer Zeit aufgelöst werden. Dies war die Situation, die Sophie Sondhelm vorfand. Die 57 Bewohner wurden bald darauf deportiert und die Einrichtung am 31. März 1942 aufgelöst. Sie ging zusammen mit der Wirtschafterin des Hauses, Hanna Königsfeld, am 5. April 1942 nach Darmstadt, wo ein Leben in der Halb-Illegalität begann. Es gab keinen Ort irgendwo mehr für sie. Das Nirgendwo rückte

GUSSY HALL
(1888–1966)

SCHAUSPIELERIN, DISEUSE –
LIEBLING DES KABARETTS

„Sie ist in der Tat ganz blond und schlank, hat einen blendenden Witz… was bei Frauen mehr ist: Humor – und macht Gott und die Welt entzückend nach…" (Kurt Tucholsky über Gussy Hall)

Eigentlich hieß sie Auguste Marie Holl und brachte es über einige Umwege zum Star auf den angesagten Kabarettbühnen der Zwanzigerjahre. Nicht in ihrer Heimatstadt Frankfurt begann ihre Karriere. In Nürnberg soll alles angefangen haben, doch im „Chat Noir" in Berlin startete sie richtig durch. Mit Diseusen wie Lucie Berger, Else Ward und Claire Waldorf trat sie dort mit ihren Parodien auf. Sie muss dazu ein herrliches Talent besessen haben. Kurt Tucholsky und Carl Zuckmayer waren begeistert. Männerrollen bevorzugte sie. Tucholsky nannte sie: *„… neben Goethe den zweiten großen Mann, den Frankfurt hervorgebracht habe."* Weniger gefielen ihm ihre (Stumm-)Filmauftritte. *„Sie filmt (leider) und tritt – hurra hin und da in Hurenställen, sprich Cabarets auf, aber dann ist sie hinreißend…"*

Mit ihren komödiantischen Chansons feierte sie große Erfolge im Berlin der Zwanziger-

jahre. Kurt Tucholsky beschreibt einen ihrer Auftritte so: *„Sie tritt blinzelnd in den kitschigen Scheinwerfer, der sie zitronengelb überschüttet. Wundervoll sieht sie aus, momentan also gelb. Sie singt ein Niggerlied, so einen recht dämlichen song – dabei steht ihr ein höchst mäßiges Englisch zur Verfügung; aber sie hat weg, wie man das macht. Sie betont maßlos, sie ruht endlos im tiefsten Alt aus – und dann im jauchzenden Sopran los! Sie zeigt eine diebische Freude, wenn das Lied so recht kitschig wird… Abgesehen von meiner Verliebtheit: sie ist wirklich so. Und ihr werdet mir doch die Freude nicht verübeln, mich, wie in meinen Kindertagen, in die ›Schauspielerin‹ zu verlieben: nicht in eine Frau – denn ist es auszudenken, dass sie einen je küsste? – sondern in ein Zauberwesen, das nicht isst, nicht schläft, nicht lebt, sondern das nur singt, Kusshände wirft und vom lieben Gott eigens dazu geschaffen ist…"* Er war ihr Fan, was etwas bedeutete bei ihm, dem kritischen, einflussreichen Schriftsteller und Satiriker.

In erster Ehe war Gussy Hall mit dem Schauspieler Conrad Veidt verheiratet. Die Ehe hatte nicht lang gehalten. 1923 wurde sie die dritte Ehefrau des Schauspielers Emil Jannings – und damit erlosch ihr Stern am Cabaret-Himmel. Mit Jannings lebte sie von 1926 bis 1929 in Hollywood, wo er als erster Schauspieler einen Oscar für seine Darstellung in den Filmen *„The Way of All Flesh"* und *„Sein letzter Befehl"* erhielt. Doch mit Beginn des Tonfilms war es mit Jannings Erfolg in den USA vorbei. Seine exaltierte Darstellungsweise wirkte veraltet. Gussy und er kehrten nach Europa zurück. Am Wolfgangsee kaufte er, ein schwerreicher

Mann, ein Haus. Sein Altersruhesitz sollte es nicht werden. Er scheute sich nicht, sich mit den neuen Machthabern gemein zu machen.

Und sie? Die Diseuse mit dem anarchischen Humor, die famose Gussy Hall, empfing nun NS-Prominenz im Haus am Wolfgangsee. Josef Goebbels gab sich auch die Ehre. Emil Jannings Mitwirkung im NS-Propagandafilm *„Ohm Krüger"* brachte ihm nach Ende des Zweiten Weltkrieges ein lebenslanges Auftrittsverbot ein, ausgesprochen von den Alliierten.

Am 2. Januar 1950 starb er an Leberkrebs. Seine Witwe überlebte ihn um 16 Jahre.

Gussy Hall, die die Cabaret-Bühnen gestürmt hatte, geriet in Vergessenheit. Wenige ihrer Freunde und Gönner hatten das Regime und den Krieg überlebt – doch sie residierte gut versorgt am Wolfgangsee. War es doch nur Tingeltangel gewesen? Ein hübsches Mädel, leicht verrucht – und die Konkurrenz schlief auch damals nicht.

Gussy Hall, ein schillernder Star des Cabarets der Zwanzigerjahre

MARTHA WERTHEIMER

(1890–1942)

PÄDAGOGIN, JOURNALISTIN, SPORTLERIN – ZWISCHEN MUT, ZUVERSICHT UND AUSWEGLOSIGKEIT

„Werde nicht irr an der Welt,
wenn sie in Not und Verarmen
Liebe verlernt und Erbarmen
und mit sich selber zerfällt."

Als Tochter von Julius Wertheimer und Johanna, geb. Tannenbaum, wuchs Martha Wertheimer in einem kleinbürgerlichen, jedoch bildungsbewussten Elternhaus auf. Bildung war Garant für ein selbstbestimmtes Leben. Sie erkannte ihre Chance früh darin. Nach dem Abschluss an der Elisabethenschule in Frankfurt, trat sie 1908 in das städtische Lehrerinnenseminar ein, wo sie 1911 die Lehrbefähigung erwarb. Doch damit wollte sie sich nicht zufriedengeben, studierte anschließend in Frankfurt an der Akademie für Sozial- und Handelswissenschaften und danach an der neu gegründeten Universität Geschichte, Philosophie sowie deutsche und englische Philologie. Nebenbei war sie eine hervorragende Florettfechterin und begeisterte Langstreckenschwimmerin. Eine energische Persönlichkeit, sich ganz ihrer intellektuellen Stärken bewusst.

Am Ende der wilhelminischen Ära engagierte sie sich für das Frauen-Wahl- und Stimmrecht. Der Verein für Frauenstimmrecht war bereits 1902 in Hamburg gegründet worden, da dort die Mitgliedschaft von Frauen in politischen Vereinen nicht verboten war. In Preußen hingegen blieb es Frauen weiterhin verwehrt, auf politischen Veranstaltungen zu sprechen. Immer wieder kam es zu obskuren Situationen, wenn eine Referentin in dem *„Nur für Damen"* vorgesehenen Teil des Saales Platz nehmen musste, während ein Mann ihren Text vortrug. Die Frauenrechtlerin Minna Cauer kommentierte es einmal so: *„Das Referat erschien der Behörde ungefährlich, aber die Frau, die Frau..."*

Das war die Geisteshaltung, in der die sportliche, hoch intelligente Martha Wertheimer hineinpreschend ihre Stimme erhob. 1919 hatte

Stolpersteine in Frankfurt am Main erinnern an das Schicksal von Martha und Lydia Wertheimer

sie an der Frankfurter Universität mit einer Dissertation „Über den Einfluss Friedrichs des Großen auf Voltaire" zum Dr. phil. promoviert. Danach ging sie als Kulturredakteurin zur Offenbacher Zeitung.

Sie verkörperte ganz den Typus der modernen Frau der Zwanzigerjahre, erwerbstätig, sportlich, emanzipiert. Das waren keine Frauen mehr, die sittsam brav auf ihren individuellen Helden warteten, die blass und zart ihre Kränklichkeit zur Gefühligkeit verklärten. Eine Martha Wertheimer brauchte keine starken Schultern zum Anlehnen. Früh hatte sie sich von der jüdischen Orthodoxie ihres Elternhauses gelöst und stand im Kontakt mit liberalen Rabbinern.

Neben ihrer journalistischen Arbeit versuchte sie sich in den verschiedensten literarischen Sparten, so als Verfasserin eines Opernlibrettos, Kindertheaterstücken, Büchern zu sportlichen Themen (u. a. „Erziehung zum Fechter", 1923), eines expressionistischen Amazonenromans und sogar dem Genre des Kriminalromans wandte sie sich zu.

Die Zeichen der Zeit hatte sie längst erkannt, nicht erst als man ihr 1933 die Mitarbeit bei der Offenbacher Zeitung aufkündigte. Als Aktivistin und Jüdin entging sie nur knapp einer Verhaftung, wie es ab 1933 Zehntausenden von Frauen widerfuhr, die in Lagern wie Moringen, Stadelheim, Brauweiler und Gotteszell gefangen gehalten wurden. Im berüchtigten Frauen-Konzentrationslager Ravensbrück waren ab 1939 mehr als 132 000 Frauen verschiedener

Nationen eingeliefert, wovon rund 92 000 die Inhaftierung nicht überleben würden.

Martha Wertheimer trat in die Redaktion des *Israelitischen Familienblattes* ein. Sie schrieb dort über religiöse Fragen, jüdisches Selbstverständnis und vor allem warb sie für die Ausbildung junger Juden, die nach Palästina auswandern wollten. Sie war keine verzagte Person, hatte zu lange das Florett geführt, um sich jetzt auf einmal in ein Mauseloch zu verkriechen, dabei war ihr bereits übel mitgespielt worden. 1936 waren sie und ihre Schwester Lydia aus ihrer Wohnung in Sachsenhausen vertrieben worden. Platz für „arische" Mieter hatten sie machen müssen. Daraufhin verließ sie Frankfurt, um sich in Berlin im „Kulturbund Deutscher Juden" zu engagieren. Sie übernahm Funktionen in der jüdischen Sport- und Jugendorganisation von *„Makkabi Deutschland"* und half bei den Vorbereitungen für die Ansiedlung in Palästina. Ende 1937 unternahm sie selbst eine mehrwöchige Reise dorthin. Zurück in Deutschland wurde für sie die Situation immer riskanter.

Anfang 1938 verließ sie Berlin, um wieder bei ihrer Schwester Lydia in Frankfurt zu sein. Vorrangig organisierte sie nun Kindertransporte ins Ausland, die sie mehrfach selbst nach England begleitete. Noch bestand für sie die Möglichkeit nicht mehr nach Deutschland zurückzukommen – eine Option, die allerdings nur theoretisch offengehalten werden konnte. Ihrer Schwester Lydia war der Pass entzogen worden. Es folgten Gestapo-Verhöre und vorübergehende Verhaftungen – und die Bombenangriffe auf die Stadt. Im Mai 1941 wurde Martha Wertheimer schwer verletzt, als eine Sprengbombe die Wohnung in der Beethovenstraße 42 traf.

Ab dann überschlugen sich die Ereignisse. Zuletzt in einem „Judenhaus" zwangseinquartiert, informierte Martha Wertheimer im Juni 1942 eine emigrierte Verwandte in einem verschlüsselten Schreiben über ihre und ihrer Schwester unmittelbar bevorstehende Deportation. Der Transport „nach dem Osten" am 11. Juni 1942 ging über Izbica ins Vernichtungslager Sobibor. Dort verlieren sich ihre Spuren und die ihrer Schwester Lydia.

Martha Wertheimer war eine ungewöhnliche Frau, hochgebildet, strotzend vor Kraft und Zuversicht. Ihre Energie hätte ausgereicht drei Leben auszufüllen – und dazu der Sport. In einer Zeit als noch von „Körperertüchtigung" gesprochen wurde, schwamm sie durch Seen und stand mit dem Florett auf der „Planche" ihre Frau.

LISELOTTE DIECKMANN
(1902–1994)

GERMANISTIN, ÜBERSETZERIN, VERGLEICHENDE LITERATUR-WISSENSCHAFTLERIN – EIN LEBEN IM EXIL

„The Egyptian tradition belongs, to be sure, in the general realm of the history of ideas. But the particular group of ideas I am dealing with remained oddly static throughout its very long history and did not itself develop. What changes is the context in which it is placed and the use made of the old and revered ideas to examine and illuminate new regions oft he mind."

Die 1902 in Frankfurt am Main geborene Liselotte Dieckmann kam aus einer großbürgerlichen Familie. Ihre Mutter Emma Eleonore war die Tochter des Bankiers, Philanthropen und Sozialreformers Charles Hallgarten (1838–1908), der aus einer seit Jahrhunderten in Mainz ansässigen jüdischen Familie stammte und Mitinhaber des Bankhauses Hallgarten in New York war, welches durch die Finanzierung des Eisenbahnbaus im 19. Jahrhundert hohe Gewinne erzielt hatte. Charles Hallgarten kehrte nach Frankfurt zurück, wo sein soziales Engagement von großer Wirksamkeit sein sollte. Sein Schwiegersohn Max Neisser, Liselottes Vater, war Professor für Bakteriologie und Hygiene an der Frankfurter Universität. An der Gimbsheimer Straße (heute Miquelstraße) lag einst die im Krieg zerstörte Villa Hallberg.

Liselotte Neisser wuchs in einem liberalen und gebildeten Umfeld auf und der Zugang von

Washington University St. Louis – die berufliche Heimat Liselotte Dieckmanns seit 1943

Frauen ihrer Generation zur Universität war längst keine Utopie mehr. Nach der Reifeprüfung am Frankfurter Realgymnasium begann sie in Freiburg deutsche und lateinische Philologie und Philosophie zu studieren. Von dort wechselte sie an die Universität Berlin, wo sich ein Studium der Germanistik anschloss. Von 1925 bis 1927 studier te sie in Heidelberg bei Friedrich Gundolf, Karl Jaspers und dem Gräzisten und Latinisten Karl Meister sowie dem Germanisten Friedrich Panzer. Die Liste ihrer Professoren liest sich wie ein Who is Who der deutschen Geisteswissenschaft zu Beginn des 20. Jahrhunderts: Edmund Husser, Otto Immisch, Ludwig Sütterlin, Eduard Norden, Julius Petersen. 1927 promovierte sie über Christian Thomasius

(1655–1728), einem Wegbereiter der Frühaufklärung, bei dem Literaturhistoriker Max von Waldberg.

Sie heiratete 1931 den fünf Jahre jüngeren Romanisten Herbert Dieckmann (1906–1986). Er hatte sie in die Emigration begleitet, doch sollte die Ehe Anfang der Fünfzigerjahre geschieden werden.

Liselotte Dieckmann führte das Leben einer Gelehrten, fasziniert von Semantik, Poetik, Hermeneutik bis hin zu den Hieroglyphen, jenem komplizierten System aus Laut-Wort-Symbol und Deutezeichen, setzte sie ihre Forschungen fort und mit Verve widmete sie sich der Exegese der deutschen Sprache. Ein Leben im Elfenbeinturm? Nein, so hätte sie es nicht gedeutet: es war ihr Leben, ein anderes wollte sie nicht leben.

Und dann kam die Ernüchterung – jene unsägliche Enttäuschung. 1933 musste sie aufgrund ihrer jüdischen Herkunft Deutschland verlassen. Schwer begreiflich für sie, die unpolitische Gelehrte, wo zudem die Familie Neisser seit zwei Generationen evangelisch war. Allerdings machte sie sich keine Illusionen über ihre wissenschaftliche Zukunft in Deutschland, hatte doch zuvor schon ihr Vater an der Frankfurter Universität seine Stellung verloren.

Über die Zwischenstation Rom gelangten die Dieckmanns 1934 mihilfe „der Notgemeinschaft der deutschen Wissenschaft im Ausland" in die Türkei, wo er Dozent an der Universität Istanbul wurde. Sie arbeitete als Dozentin für Deutsch und Griechisch an der dortigen Fremdsprachenschule. Im September 1938 verließen sie die Türkei in Richtung USA.

Es finden sich nur wenige persönliche Äußerungen von Lieselotte Dieckmann. Sie gehörte wohl zu jenen Wissenschaftlerinnen von Rang, die alles Private ihrem Forschungsanspruch unterordneten. Auf einer Fotografie blickt sie beinahe scheu in die Kamera – und wenn die Augen der Spiegel der Seele sein sollten, so besaß sie neben Klugheit, jene innere Klarheit, die ihr die Kraft gab, ein solch großes, wissenschaftliches Werk, mit all den vielfältigen Herausforderungen, zu schaffen.

Ab 1943 arbeitete Liselotte Dieckmann für das *Army specialized training program* (ASTP) der Washington University in St. Louis, die ihre berufliche Heimat werden sollte. Sie lehrte englische, französische und deutsche Literatur des 18. und 19. Jahrhunderts. Dem Symbolbegriff im Poesiekonzept der Romantik galt ihre Forschung, womit sie einen wichtigen Beitrag zu Komparatistik leistete, indem sie das inhaltliche Material der Dichtung auf Mythen und Symbole untersuchte. Liselotte Dieckmann erreichte ein hohes Alter. Als sie am 28. Oktober 1994 in St. Louis, Missouri, starb, war sie 92 Jahre alt und hoch geachtet in der Welt der Geisteswissenschaften.

ROSE SCHLÖSINGER
(1907–1943)

VON DER SOZIALARBEITERIN UND SEKRETÄRIN ZUR WIDERSTANDSKÄMPFERIN

„Es ist kein schlechter Gedanke, dass ich bis zum letzten Moment davon überzeugt bin, dass ich für meine Liebe gestorben bin – es ist kein schlechter Tod."

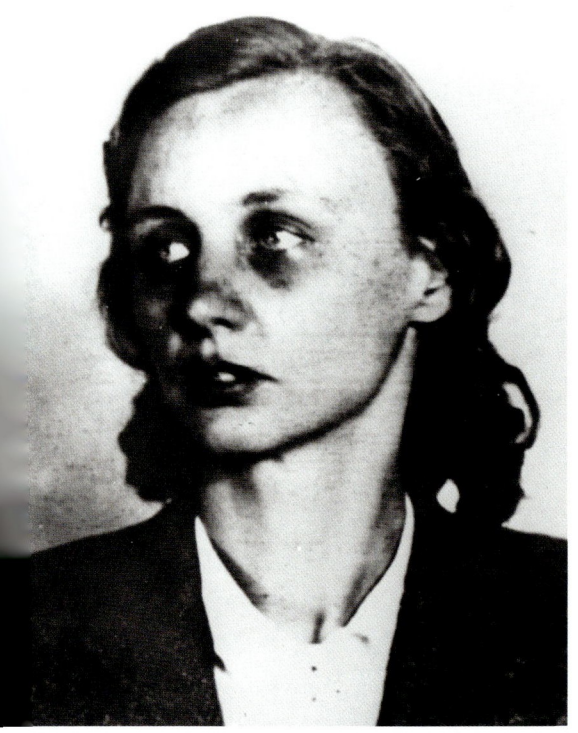

Rose Schlösinger wurde 1907 als jüngstes von drei Kindern des Werkzeugmachers Peter Ennenbach und seiner Frau Sophie, geb. Schlösinger (1879–1962) im Frankfurter Nordend geboren. Die Mutter war eine engagierte Sozialdemokratin, die 1911 den ersten Internationalen Frauentag in Frankfurt organisiert hatte und nach dem Ersten Weltkrieg die städtische Arbeitsvermittlung für Frauen aufbaute. Von 1928 bis 1933 gehörte sie dem Stadtrat an – eine Frau, die als Dienstmädchen allen möglichen Nachstellungen ausgesetzt gewesen war und als Fabrikarbeiterin durch Kollegen politisiert wurde. 1914 beendete sie ihre schwierige Ehe und lebte fortan mit den Töchtern Anna und Rose und ihrer Mutter in der Münzenberger Straße.

Rose, die als zart und still geschildert wird, trat der Sozialistischen Arbeiterjugend bei und absolvierte nach der Mittleren Reife das Kindergärtnerinnenseminar in Gießen, um danach eine Weile ihren Beruf in Unterfranken auszuüben. 1929 entschloss sie sich für ein Studium an der neu eingerichteten Frankfurter Wohlfahrtsschule. 1932 bekam sie ihre Tochter Marianne, die aus der kurzen Ehe mit dem Lehrer Friedrich Heinemann stammte. Mittlerweile wohnte sie mit ihrem Kind wieder bei ihrer Mutter im Frankfurter Nordend.

Gleich nach der Machtübernahme der Nationalsozialisten 1933 verlor Sophie Ennenbach ihre Stelle bei der Arbeitsvermittlung. Sie war somit eine der ersten, auf die das „Gesetz zur Wiederherstellung des Berufsbeamtentums" in Frankfurt zur Anwendung kam. Als Tochter einer politisch Unzuverlässigen verlor sie ihren Praktikumsplatz als Sozialarbeiterin. Sie würde nie in diesem von ihr so gewünschten Beruf tätig sein können. Um für den Unterhalt der Familie zu sorgen, zog Rose 1934 nach Chemnitz, wo sie eine Stelle als Schreibkraft bei den Wanderer-Werken (Fahrräder, Schreibmaschinen, Werkzeug etc.) bekommen hatte. Es war ihr schwergefallen, ihre Heimatstadt zu verlassen. In einer kleinen Erzählung nannte sie Chemnitz „die Hässliche", während Frankfurt natürlich „die Schöne" war.

1939 hatte sie ihren Cousin Bodo Schlösinger geheiratet und war mit ihm nach Berlin in die Sebastianstraße 42 im Stadtteil Kreuzberg gezogen. Bodo Schlösinger war Übersetzer für Englisch und Russisch und seit Kriegsbeginn beim Auswärtigen Amt beschäftigt. Rose nahm eine Stelle als Chefsekretärin in der Zentrale der Berliner Wanderer-Werke ein.

Der Kontakt zur Widerstandsgruppe „Rote Kapelle", die es unter dieser Bezeichnung nie gegeben hatte, lief über Mildred Harnack, einer Dozentin von Bodo Schlösinger am Abendgymnasium. So kam das Ehepaar Schlösinger in Kontakt zum Freundeskreis um den Ökonomen Arvid Harnack und dem Offizier Harro Schulze-Boysen, an dessen Zirkelabenden sie teilnahmen. In dieser Zeit wurde Bodo Schlösinger auch als Übersetzer bei der Feldpolizei in Polen und Russland eingesetzt, wo er Zeuge der Ermordung russischer Zivilisten wurde. Für ihn stand fest, dass dieses Regime und seine Gräuel ein Ende haben musste.

Nach einigen Flugblatt- und Klebezettelaktionen gegen Hitler hatten Mitglieder der Gruppe sich zum Ziel gesetzt, militärische Informationen an die Sowjetunion zu übermitteln, um dadurch den Krieg vorzeitig beenden zu können. Rose Schlösinger fungierte als Kurierin zwischen Arvid Harnack und Hans Coppi, einem jungen Kommunisten, der Funkkontakt mit der Sowjetunion aufzunehmen versuchte. Die Dechiffrierung eines Funkspruchs, die dem Oberkommando des Heeres im August 1942 gelang, löste eine Verhaftungswelle gegen die „Rote Kapelle" aus.

Am 18. September 1942 klingelte die Gestapo an der Wohnungstür im Haus Sebastianstraße 42. Rose Schlösinger wurde verhaftet. Nach einer zweitägigen Verhandlung vor dem Reichskriegsgericht wurde sie am 20. Januar 1943 wegen Spionage zum Tode verurteilt. Zusammen mit zwölf anderen Frauen der „Roten Kapelle" wurde sie am Abend des 5. August 1943 in Plötzensee hingerichtet. Bodo Schlösinger hatte am 22. Februar 1943 an der Ostfront Suizid begangen, nachdem er vom Todesurteil seiner Frau erfahren hatte.

Es gibt wenig Persönliches über Rose Schlösinger zu berichten. Ruhig, tüchtig und gescheit hatte sie versucht ihrem Gewissen zu folgen und lieferte sich so der Gewalt eines Unrechtsregimes aus. Im Abschiedsbrief an ihre Tochter schrieb sie: „... *Jetzt muss ich Abschied nehmen, weil wir uns wahrscheinlich nie mehr sehen ... Ich wünsche Dir, dass Du in der Welt, so wie ich, das Schönste erlebst, ohne dass Du das Schwere durchmachen musst wie ich ...*"

HELENE MAYER

(1910–1953)

DIE „BLONDE HEE" – DREIFACHE FECHTWELTMEISTERIN, OLYMPIASIEGERIN, SUPERGIRL UND SPORTIDOL

„Ich weiß nur, daß ich wieder nach Deutschland kommen möchte, aber dort ist sicher kein Platz für mich..."

Am 20. Dezember 1910 wurde sie als Tochter des Arztes Ludwig Mayer und dessen Ehefrau Ida Mayer, geborene Becker, als zweites von drei Kindern, in ein großbürgerliches Umfeld hineingeboren. Ihr, der „höheren Tochter", eröffneten sich viele Möglichkeiten. Das sportliche Mädchen probiere einiges aus: Reiten, Skifahren, Ballett, Schwimmen und Fechten – nicht im Verein. Der italienische Fechtmeister Arturo Gazzera (1870–1945) erteilte ihr Privatunterricht im Garten des Elternhauses in der Offenbacher Bahnhofstraße. Sie erhielt eine für jene Zeit beinahe akribische technische Fechtausbildung. So trainierten sie neben dem „großen Gazerra" auch Olympiateilnehmerinnen wie Hedwig Hass und Olga Oelkers. Rasch stellten sich Erfolge ein.

Mit knapp 14 Jahren wurde sie 1924 Zweite bei den Deutschen Meisterschaften und in den Jahren zwischen 1925 und 1930 errang sie regelmäßig den ersten Platz. 1928 gewann sie bei den Olympischen Spielen in Amsterdam im Damenflorett die Goldmedaille. Damals war die Schülerin so populär, dass es überall kleine Gipsfiguren zu kaufen gab, die sie als Fechterin zeigten.

Groß, blond, blauäugig. Eine Schönheit von statuenhafter Ausstrahlung. Lobeshymnen prasselten auf sie nieder, oft von peinlicher Dämlichkeit, wie jenes Machwerk in der „Anhaltischen Rundschau": *„... Ein blaues Aug', ein deutscher Schädel. Der Jugend Anmut im Gesicht, ein gut gewachsen rheinisch Mädel – und ficht, als wie der Teufel ficht!"* Die Zeitschrift des Jüdischen Zentralverbandes machte sich über derartige Entgleisungen lustig. So heißt es in einem Beitrag vom 17. August 1928 im letzten Absatz: *„... Helene Mayer kämpfte in der Amsterdamer Olympiade lediglich für den Sieg der deutschen Farben. Aber dieses wundervolle Beispiel der verstiegenen ‚arischen Rassenlehre' musste hier angeführt werden, denn diese blauäugige und blondhaarige Helene Mayer ist die Tochter unseres Offenbacher Mitgliedes, des Arztes Dr. Mayer, und damit jüdische Deutsche."*

Rassistisches und antisemitisches Gedankengut waren in der Gesellschaft tief verankert. Obwohl Helene Meyers Erfolge ungebrochen zu sein schienen, war sie andauernd feinen Sticheleien oder offenen Anfeindungen ausgesetzt. So antwortete der Direktor der Schillerschule in Frankfurt auf eine Anfrage, was es mit der Herkunft der Helene Mayer auf sich habe: *„... Wie bei Rassenmischung so manchmal, mendelt sie eben völlig nach der arischen Seite."*

Ihre nichtjüdische Mutter Ida, Tochter eines Gelbgießers, unterstützte die sportliche Karriere ihrer Tochter, wie auch die Beziehung zu dem erfolgreichen Schauspieler Norbert Schiller, dem Publikumsliebling des Frankfurter Theaters – ein schönes Paar. Er war elf Jahre älter als sie. Auf Hiddensee verbrachten sie herrliche Sommertage. Sie soll die Verbindung wegen eines anderen Mannes gelöst haben.

Gleich nach dem Abitur 1929 immatrikulierte sich Helene Mayer an der Frankfurter Universität, um Internationales Recht zu studieren. Ihr Ziel war es, in den diplomatischen Dienst einzutreten. Für die ehrgeizige Sportlerin wäre dies gewiss kein Traum geblieben – doch die politischen Umstände sollten es verhindern. Während ihres Studiums blieb sie eine aktive Fechterin und gewann 1929 in Neapel und 1931 in Wien die Europameisterschaften.

Helene Mayer verfolgte zielstrebig ihren Weg, der sie 1932 mit einem Stipendium des Deutschen Akademischen Austauschdienstes an das Scripps College in Claremont (Kalifornien) führte. Das Stipendium würde ihr 1933 aus „rassischen Gründen" aberkannt werden. Jetzt hatte auch sie den rassistischen Kurs der NS-Politik zu spüren bekommen. Nach dem Tod des Vaters 1931 hatte sich die familiäre finanzielle Situation verändert. So war sie auf eine irgendwie geartete Förderung angewie-

sen. Es gelang ihr, ein amerikanisches Stipendium zu erhalten, mit dem sie ihr Studium am Scripps College 1934 mit einem Bakkalaureat-Grad abschließen konnte. Später folgte noch ein Magister-Abschluss.

Helene Mayer – erfolgreiche Sportlerin in politisch schwierigen Zeiten

Die Olympischen Spiele in Berlin 1936 sollten sowohl sportlicher Höhepunkt wie auch persönlicher Tiefpunkt ihrer Karriere werden. Auf Drängen der amerikanischen Öffentlichkeit und auf Intervention des Internationalen Olympischen Komitees durfte sie für Deutschland starten. Diese Entscheidung brachte ihr viel Kritik ein. So appellierte Thomas Mann an die Sportlerin, sich nicht in den Dienst des NS-Regimes zu stellen. Helene Mayer betonte jedoch, es sei für sie eine Ehre für Deutschland zu fechten. Beim Fechtkampf der Olympischen Spiele errang Helene Mayer nicht das erhoffte Gold, sondern holte „nur" Silber, worüber sie sehr enttäuscht war. Den ersten Platz belegte die ungarische Jüdin Ilona Elek, den dritten Platz die österreichische Jüdin Ellen Preis. Bei der Siegerehrung auf dem Podest führte auch Helene Mayer den „deutschen Gruß" aus, was bei einigen ihrer Anhänger Irritationen auslöste. Es fehlte ihr an politischem Gespür. Auch als die Regisseurin Leni Riefenstahl 1938 ihren Film „Olympia" in den USA promotete, begleitete Helene Mayer sie. Unbehelligt blieb sie bei ihrer Rückkehr nach Kalifornien nicht. Thomas Mann griff sie in seinen Radiosendungen an. Daraufhin verlor sie ihre Stellung als Universitätsdozentin.

1937 belegte sie bei der Weltmeisterschaft im Einzelflorett der Damen in Paris den ersten Platz. Damit war die „Niederlage" für sie bei den Olympischen Spielen ausgeglichen. Im Jahr darauf wurde sie amerikanische Staatsbürgerin und gewann in stupender Überlegenheit achtmal die amerikanischen Fechtmeisterschaften.

Das Heimweh nach Deutschland bedrängte sie, noch mehr sehnte sie sich zurück, als sie von ihrer Krankheit erfahren hatte. Brustkrebs war diagnostiziert worden. Trotz einer Operation war sie bereits unheilbar erkrankt.

1952 heiratete sie den aus München stammenden Bauingenieur Erwin Falkner von Sonnenburg und zog mit ihm nach Heidelberg. Aus dieser Zeit datiert ein Brief ihrer Mutter an Helenes Jugendliebe, dem Schauspieler Norbert Schiller: *„Lieber Norbert, als ich vor einigen Tagen Hee besuchte, bat sie mich Ihnen in ihrem Namen zu schreiben. Sie selbst kann es nicht mehr und wird es wohl nie mehr können. Sie ist schwer krank, von den Ärzten aufgegeben, sie leidet entsetzlich...!"* Sie hatten zusammen nicht kommen können, doch blieben sie in merkwürdiger Anhänglichkeit miteinander verbunden.

Am 15. Oktober 1953 verstarb Helene Mayer in Heidelberg. Sie wurde auf dem Münchner Waldfriedhof beigesetzt.

Helene Mayer, zu schön, zu elitär, zu spröde, kehrte nach Deutschland zurück – um zu sterben. Eine Weltbürgerin, die sich im Labyrinth der politischen Ränke verirrt hatte, überließ sich dem Heimweh, diesem hinterlistigen Gefühlsstreich, der so vielen Emigranten gespielt worden ist.

1968 widmete die Bundespost Helene Mayer eine Briefmarke.

SYBILLE SCHLOSS

(1910–2007)

FOTOMODELL, SCHAUSPIELERIN, DICHTERLIEBE

„Für den Film glaube ich hervorragend geeignet zu sein, denn ich bin vollkommen hemmungslos."

Sybille Schloß wurde 1910 in München geboren. Ihr Vater Karl Schloß, Literat und Lyriker, unterhielt eine Beziehung zur Frau seines Dichterkollegen Wilhelm Michel. Rosa Eva Michel, geborene Storck, hatte bereits sechs Kinder. Ein Bohèmeleben, dessen Ende abzusehen war.

1914 zogen die mittlerweile verheirateten Schloßers nach Alzey, wo der im nahen Framersheim aufgewachsene Karl Schloß, Inhaber der von seinem Vater 1912 gegründeten Zigarrenfabrik wurde. Es muss eine harte Zäsur für ihn gewesen sein. Das Provinzstädtchen, umgeben von Weinbergen und einer Nervenheilanstalt auf dem Hügel, war eine Rückkehr dritter Klasse, die nicht als Befreiung gelten konnte. Aus dem Dichter, der den Jugendstil feierte, wurde ein Unternehmer, dessen Geschäfte nicht immer mit Fortune gesegnet waren. Die Firma hatte bis in die Dreißigerjahre zwischen 60 bis 120 Beschäftigte, allerdings

nur ca. 20 Stammarbeiter. Die Mehrzahl waren Saison-Arbeiterinnen. Am 1. Mai 1937 wurde die Firma liquidiert. Aufmärsche im Fackelschein – kein freundliches Licht rieselte auf das Städtchen herab. Es sollte noch viel schlimmer kommen.

Sybilles Kindheit in Alzey, das waren beschauliche Gassen und eine stolze Burganlage. Verwunschene Gärten im Abendglanz. Badefreuden im seichten Wasser der Selz. Alte Heerstraßen kreuzten sich in der Ferne, doch selten führten sie in die Welt hinaus. Sie muss eine außergewöhnlich selbstbewusste und eigenwillige junge Frau gewesen sein. Ein Mädchen aus der Provinz, das auszog die Welt zu erobern. Sie gehörte zu jenen jungen Frauen, die die erotischen Freiheiten jenes Jahrzehnts nach dem Ersten Weltkrieg in vollen Zügen genossen. Als lebensfroh, uneitel und eigensinnig galt sie. Ihren speziellen Charme bewahrte sie sich bis ins hohe, einsame Alter. Dabei wurde ihr buntes, wildes Leben viel zu früh seiner Freiheiten beraubt.

Kess und unbekümmert trat sie in Berlin auf. Mit dem forsch-frivolen Satz: „Für den Film glaube ich hervorragend geeignet zu sein, denn ich bin vollkommen hemmungslos", hatte sie sich bei der Talentsuche einer Berliner Zeitung beworben. Sie war zu einem Vorstellungsgespräch eingeladen worden und enttäuschte die Erwartungen nicht. Schon bald besaß sie beste Beziehungen in Berlin. „Ich war ja kein gutes Kind, habe in Berlin viel rumgeschlafen", erinnerte sie sich später an diese Zeit. Ihre Karriere als Filmschauspielerin verlief schleppend, stattdessen wurde sie ein erfolgreiches Foto-modell. Große Magazine brachten sie als Titel-bild. Es gelang ihr an der Schauspielschule von Max Reinhardt aufgenommen zu werden. An Mut mangelte es ihr nie.

An den Münchener Kammerspielen debütierte sie 1931, doch bevor sie 1933 ihre erste Haupt-rolle „Fräulein Julie" von Strindberg übernehmen konnte, musste sie wegen ihres jüdischen Vaters das Ensemble verlassen. Sie wurde Mit-glied im von Therese Giehse und Erika Mann gegründeten Kabarett „Die Pfeffermühle". Mit der Truppe tourte sie durch die Lande. Als ihr 1935 in Zürich am Corso-Theater eine Haupt-rolle angeboten wurde, schied sie bei der „Pfef-fermühle" aus.

Um einer drohenden Ausweisung zuvorzu-kommen, heiratete sie 1936 einen Schweizer. Kurz darauf war sie wieder geschieden. Im Jahr zuvor hatte sie den Patentanwalt Thomas Michaelis kennengelernt, der ihr zweiter Ehe-mann werden sollte. Mit ihm reiste sie in die USA, wo Erika Mann ein Gastspiel der „Pfef-fermühle" plante. Das Programm fiel beim amerikanischen Publikum durch.

Sybille Schloß blieb in den Vereinigten Staa-ten, wo die Tätigkeit ihres Mannes als Patent-anwalt sie der finanziellen Sorgen enthob. 1937 besuchte sie ein letztes Mal ihre damals in Worms lebenden Eltern. Im Jahr darauf zogen diese nach Den Haag. Dort wurden sie nach der Besetzung Hollands verhaftet. Die nichtjüdische Rosa-Eva lehnte es ab, ihren Mann zu verlassen, woraufhin beide ins Gesta-

Sybille Schloss - Schauspielerin von schillernder Schönheit

po-Gefängnis nach Darmstadt verbracht wur-den. Karl Schloß wurde 1944 in Auschwitz ermordet, Rosel Schloß kehrte aus dem KZ Ravensbrück nicht mehr zurück.

Sybille Schloß hatte sich in den USA in Sicher-heit befunden. Das Schicksal ihrer Eltern erschütterte sie. Zu spät hatte sie eingreifen wollen. Den Haag war kein sicherer Ort gewe-sen. 1946 wurde sie von Thomas Michaelis geschieden. Erfolglos versuchte sie im Filmge-schäft Fuß zu fassen. Hollywood wartete nicht auf sie.

Zurück nach Deutschland? Keinen Moment dachte sie daran. Ihre dritte Ehe mit dem

Maler John Marsteller endete mit dessen Suizid. In New York arbeitete sie nun in einer Buchhandlung. Und dann war da noch die große Liebe von Wolfgang Koeppen, den sie 1934 kennengelernt hatte. Der schüchterne junge Mann aus Greifswald war hingerissen von der schillernden Schönheit Sybilles, die voller Caprice und Unbeschwertheit zu leben verstand.

In ihren späten Jahren erzählte sie auf Nachfrage von der letzten Begegnung mit Wolfgang Koeppen. Er sei zu einer Lesung am Goethe-Institut in New York eingeladen gewesen, habe sie darüber aber nicht informiert. Tags darauf rief er sie an. Ein steifes Gespräch soll es gewesen sein. Er lud sie zu einem Drink ein, woraufhin sie ihm schrieb, dass es besser sei, wenn sie sich nicht mehr sehen würden – und sie war sich auch nach vielen Jahren sicher, dass ihm dies recht gewesen sei. Das endgültige Ende einer Liebe, die in Wolfgang Koeppens Erstlingsroman *„Eine unglückliche Liebe"* Literaturgeschichte geschrieben hatte. Die Geschichte einer unerwiderten Liebe, denn geliebt hatte Sybille Schloß einen anderen.

Ein Leben wie ein Jahrhundertroman endete mit 97 Jahren in New York. 40 Jahre lebte sie an der Upper East Side. Germantown hieß das Viertel einmal – und Alzey? Vielleicht eine blasse Erinnerung.

LIOBA MUNZ
(1913–1997)

BENEDIKTINERIN UND KÜNSTLERIN – EIN ERFÜLLTES LEBEN HINTER KLOSTERMAUERN

„Man sucht ihn ein Leben lang!"

Früh zeigte sich ihre künstlerische Begabung und das bürgerliche, protestantische Elternhaus in Bingen am Rhein unterstützte sie darin. Mit fünf Jahren begann sie mit dem Geigenspiel, worin sie beachtliches Talent bewies. Es wäre eine Option für sie gewesen – doch sollte alles anders kommen.

Der Katholizismus übte auf Lotte Munz wohl schon früh eine gewisse Faszination aus. Waren es die Freundinnen an der katholischen Mädchenoberschule in Bingen, die nahe Benediktinerinnenabtei Eibingen, das ganze katholische Umfeld der kleinen Stadt, oder doch die Suche nach einem Halt in einer Zeit, die es einer jungen, begabten Frau nicht leicht machen würde? Nach einem kurzen Flirt mit dem Marxismus und einer tiefen Verachtung dem Nationalismus gegenüber, entschied sie sich 1933 für den Übertritt zum Katholizismus – gegen den Willen ihrer Eltern. Gleichzeitig konfrontierte sie ihre Familie mit dem Entschluss ins Kloster einzutreten.

1934 war es so weit. Lotte Munz nahm den Ordensnamen Lioba, einer verehrten Heiligen aus dem Bistum Fulda, an. Die Benediktinerinnenabtei zur Heiligen Maria in Fulda

Lioba Munz – Nonne mit großem künstlerischen Talent

war mitten im Dreißigjährigen Krieg durch den Fuldaer Fürstbischof zur Stärkung der Gegenreformation gegründet worden. Das Kloster war innerhalb der Stadtmauern erbaut worden, was wohl den Gegebenheiten jener gefährlichen kriegerischen Zeit geschuldet worden war.

Eine Fotografie zeigt Lioba Munz als junge Novizin – ein ironischer Zug liegt in ihrem Ausdruck, nein, das war kein schlichtes Nönnchen – und ein solches würde sie auch niemals sein. Sie war vor allem eine Künstlerin, die ihr Talent im Ringen um die Nähe zu und den Glauben an Gott einsetzte. „Man sucht ihn ein Leben lang", resümierte sie noch im hohen Alter. Eine monastische Berufung kann nicht erzwungen werden, jedenfalls in heutiger Zeit nicht mehr, aber ihr war das widerfahren, was immer wieder von Ordensfrauen als Initialzündung zum Klostereintritt angeführt wird. Sie fühlte sich auf eine ganz bestimmte Weise von der Benediktinerinnenabtei Sankt Maria angezogen. Gewiss war es ihre persönliche Situation, die Suche nach einem erfüllten Leben, das sie in die Klostergemeinschaft eintreten ließ. So rettete sie sich und ihre Kunst vielleicht vor den Wirren der Zeit, oder eines einschränkenden bürgerlichen Lebens.

Die Abteikirche mit ihren Spitzbogenfenstern, dem geschweiften Giebel, dem Zusammenspiel von Spätgotik, Renaissance und Barock, entsprach ihren ästhetischen Ansprüchen und die sakrale Kunst sollte ihr zukünftiges Schaffen bestimmen. 1939 legte Sr. Lioba die ewige Profess ab.

Ihre ersten künstlerischen Arbeiten im Kloster bestanden im Bemalen vorgefertigter Gebrauchskeramik, die für das Kloster ein lohnender Erwerbszweig darstellte. Dabei sollte es nicht bleiben. Die Äbtissin Maura Lilia erkannte das Talent der jungen Mitschwester und setzte sich für deren weitere Ausbildung ein. So erlernte Sr. Lioba, unter Anleitung, die Technik des Emaillierens, worin sie rasch zu hoher Kunstfertigkeit gelangte. Von 1953 bis 1958 war sie Meisterschülerin von Elisabeth Treskows (1898–1992) in der Goldschmiedeklasse der Kölner Werkkunstschule. Gleichzeitig entstand in den Fünfzigerjahren ein Atelier, in dem unter der Leitung von Lioba Munz ihre Mitschwestern Salutia, Salome und Grata tätig werden sollten.

All dies war nur möglich durch Privilegien, die ihr durch die Äbtissin Maura Lilia gewährt wurden. So galt die Klausur nur eingeschränkt für sie. Die Werkstatt befand sich innerhalb des Klosterbezirks im historischen Fachwerkbau, der aber außerhalb der Klostermauern gelegen war. So besaß sie die Erlaubnis, das Kloster in Zivilkleidung zu verlassen, was sie gerne auch zu Konzertbesuchen nutzte. Aus der Musik schöpfte sie viel Kraft. Ja, sie durfte sich sogar im Kloster einen Hund halten.

Ein Arrangement auf Gegenseitigkeit. Die redegewandte Künstler-Nonne konnte bei Verhandlungen geschickt auftreten und ihre Kunstwerke stellten bald eine wichtige Einnahmequelle für die Klostergemeinschaft dar. 1986 erhielt Sr. Lioba Munz den Kulturpreis der Stadt Fulda. Längst war Lioba Munz da künstlerisch anerkannt. Ihre Arbeiten wurden international gehandelt. Sie reiste viel. Überall, ob in Haifa oder Tokio, suchte und fand sie Inspirationen für ihre künstlerischen Gestaltungsmöglichkeiten.

Vorwiegend fertigte sie Werke zum religiösen Gebrauch, wobei sie stark vom romanischen und byzantinischen Kunststil beeinflusst war. So entstanden Ringe, Brustkreuze, Kelche, Evangeliare, sowie Emailbilder von Heiligen und biblischen Szenen neben monumentalen Flügelaltären. Ihre ganz besondere Begabung lag wohl, wie Äbtissin Benedikta Kranz ausführte, im Zeichnen. In ihren Kohlezeichnungen verbarg sich das, was sie im Innersten wohl bewegte – ihre immerwährende Suche nach Gott.

Sr. Lioba Munz starb am 24. September 1997 im 84. Lebensjahr und im 62. Jahr ihrer Profess in der Benediktinerabtei zur Heiligen Maria in Fulda.

LIESEL CHRIST

(1919–1996)

EIN „GEERDETES" KÜNSTLER-LEBEN UND NICHT NUR „MAMMA HESSELBACH"

„Karl, mei Drobbe!"

Sie war Nachzögling in der Familie des Werkmeisters Ludwig Karl Christ. Ihre Mutter, Marie Wiesemann, geb. Brühmann, brachte zwölf Kinder mit in die Ehe – gewiss kein gewöhnliches Familienmodell im Nordender Arbeitermilieu. Der kleinen Elisabeth sollte daraus kein Nachteil erwachsen.

Als Mitglied des Kinderballetts debütierte sie bereits mit vier Jahren im Frankfurter Opernhaus. Eine frühe Fotografie zeigt ein drolliges Mädchen. „Süß", doch keineswegs „klebrig", wirkt die kleine Elisabeth Christ. Etwas robust Trotziges verbirgt sich in ihrem Ausdruck. Regelmäßig trat sie in kleineren Kinderrollen am Opernhaus auf. Höhepunkt ihrer frühen Karriere sollte die Titelrolle in „Peterchens Mondfahrt" (1926) sein. Damit war sie zum Publikumsliebling geworden. Auf allen Frankfurter Bühnen war sie eine Weile zu sehen, so auch im berühmten Schumanntheater am Hauptbahnhof.

Nach Beendigung der Volksschule hätte auf Wunsch ihrer Familie eine Lehre als Modistin folgen sollen, doch es kam anders. Das bühnenerfahrene Mädchen wurde an der „Hochschule für Musik und Theater" in Frankfurt, Dank einer Sondergenehmigung, bereits als 14-Jährige im September 1933 aufgenommen. Ihr Schauspielstudium schloss sie 1936 ab und erste Engagements führten sie an die Stadttheater von Koblenz und Heilbronn, wo sie als Operettensoubrette brillierte.

Im Juni 1942 heiratete sie den Opernsänger Fritz Dahlem (1913–1996), einen Kollegen aus dem Heilbronner Ensemble. Die gemeinsame Tochter Gisela wurde im Oktober 1942 geboren. Die Ehe hielt nur bis zum Sommer 1944. Liesel Christ beendete ihr Engagement in Heilbronn und ging als „Erste Operetten-Soubrette" an das Stadttheater Görlitz. Doch jetzt geriet sie in die Turbolenzen von Politik und Krieg, die sie bisher so gut umschifft hatte. Aufgrund einer Anordnung von Goebbels kam es zum 1. September 1944 zur Schließung aller Bühnen im deutschen Reich. Kein Stadttheater mehr, „Truppenbetreuung" war angesagt und schließlich landete Liesel Christ als Arbeiterin in einer Strumpffabrik.

Nach Ende des Krieges schlug sie sich unter widrigsten Umständen nach Frankfurt durch, wo sie im Dezember 1945 auf reichlich lädierten Bühnenbrettern stand. Kleinkunst, Boulevard, Klassiker – sie spielte alles was ihr angeboten wurde. Mittlerweile war ihre zweite Tochter Bärbel geboren. Eine schwierige Zeit für die Schauspielerin und alleinerziehende

Liesel Christ – das Frankfurter Volkstheater war ihr Herzenswunsch und Lebenswerk

Mutter. Sie wirkte in Unterhaltungsveranstaltungen mit, tingelte mit Kabarettprogrammen durch die Umgebung von Frankfurt und sah irgendwann keine Perspektive mehr für sich im Schauspielerberuf. Theaterkrise und Währungsreform taten ihr Übrigens und so entschloss sie sich, eine Stelle als Verkäuferin in einem Lederwarengeschäft anzunehmen. Diese Entscheidung entsprach sehr ihrer zupackenden Art.

Doch ganz sollte sie hinterm Ladentisch nicht verschwinden. Im Oktober 1953 erhielt sie ein Engagement an der neu gegründeten Landes-

bühne Rhein-Main, eine der Volksbildungsbewegung verpflichteten Wanderbühne, die Theatervorstellungen auch in entlegene Gegenden des Rhein-Main-Gebiets bringen sollte. Sechs Jahre gehörte sie zum festen Ensemble der Landesbühne und wechselte während dieser Zeit allmählich ins Charakterfach, mit Rollen wie die der Mutter Wolffen im „Biberpelz" (1958).

1959 ging sie an das Stadttheater Mainz, wo sie den Vertrag wegen ihrer mittlerweile eingegangenen Fernsehverpflichtungen im Herbst 1960 vorzeitig auflösen musste. Kurz darauf begannen die Dreharbeiten zur Fernsehserie *„Die Firma Hesselbach"* von und mit Wolf Schmidt, in der sie die Rolle der *„Mamma Hesselbach"* spielte. Seit dem Serienstart am 22. Januar 1960 trat sie in allen 51 Folgen auf. Für ihre weitere Karriere als Schauspielerin war die Rolle jedoch Segen und Fluch zugleich. Auf das Image der *„Mamma Hesselbach"* wurde sie so stark festgelegt, dass sie kaum mehr Angebote für die Bühne erhielt.

Mit ihrer Popularität konnte sie gut umgehen und sich 1971 einen lang gehegten Herzenswunsch erfüllen: In ihrer Heimatstadt gründete sie ihre eigene Mundartbühne, das *„Frankfurter Volkstheater"*. Nach etlichen Umzügen in Frankfurt, fand sich ab 1975 ein fester Platz an einem historischen Ort, der Cantatesaal neben dem Goethehaus. Das „Frankfurter Volkstheater" machte es sich zur Aufgabe, die Tradition der Volksstücke in Frankfurter Mundart zu pflegen und sie zeitgemäß umzusetzen. Zahlreiche moderne Volksstücke kamen im Cantatesaal zur Uraufführung. Mit ihrem Anspruch, Stücke der Weltliteratur, wie etwas Goethes Urfaust auf Frankfurterisch, auf die Bühne zu bringen, setzte Liesel Christ Maßstäbe für das literarische Volkstheater.

Ihre Töchter unterstützten sie von Anfang an. So übernahm Gisela Dahlem-Christ die Geschäftsführung, ihre Schwester Bärbel Christ-Heß die technische Leitung des Betriebs.

Liesel Christ verstarb 1996 in ihrer Heimatstadt Frankfurt an den Folgen eines schweren Sturzes.

Sie, die Prinzipalin des Volkstheaters, konnte mit ihrer großen Natürlichkeit das Publikum erobern – und das nicht nur als Mamma Hesselbach. Ihre schauspielerischen Erfolge beruhten auf harter Arbeit und enormer Zielstrebigkeit. Doch ihr Lebenswerk, das Frankfurter Volkstheater, ist Geschichte. Der letzte Vorhang fiel am 25. Mai 2013.

LISEL HEISE
(* 1919)

PÄDAGOGIN, SPORTLERIN, STADTRÄTIN

„Mir geht's in erster Linie nicht um den Erfolg – sondern darum, das Richtige zu tun. Ich will den Mund aufmachen, solange ich noch Kraft habe."

Als Lisel Waltgenbach wurde sie vor hundert Jahren in Kirchheimbolanden geboren. Ihr Vater, ein Schuhfabrikant, war ein begeisterter Sportler und unruhiger Geist. Die Mutter entstammte einer wohlhabenden holländischen Familie. Lisel Heise nennt sich selbst ein „Wiedersehenskind".

Gerade war der Erste Weltkrieg zu Ende gegangen, worauf schwierige Jahre unter französischer Besatzung folgten. Immer wieder geriet der Vater mit den politischen Verhältnissen in Konflikt, was ihn mehrmals eine Gefängnisstrafe einbrachte. 1934 endete die alliierte Rheinland-Besetzung. Die Zeit danach sollte nicht besser werden. Der nächste Konflikt hätte den Vater beinahe ins KZ gebracht – es ging um die Schändung und Zerstörung der Synagoge im Husarenhof, einem Gebäude im klassizistisch-maurischen Stil, architektonischer Blickfang im Winkel neben dem Schloss. Als politisch unzuverlässig eingestuft, wirkte sich dies empfindlich auf die wirtschaftliche Zukunft seiner Schuhfabrik aus.

Etwas soll hier nicht unerwähnt bleiben. Der Vater, ein hervorragender Schwimmer und Turmspringer, setzte sich für den Bau eines ersten Freibades in der Stadt ein. *„Da wurde nichts gemauert, sondern da hat man diese Wände mit*

Besenreisern befestigt, und das war eine wunderbare praktische und stabile Angelegenheit. Aber mit dem Naturschwimmbecken – das war ein bisschen blöd dann bei einer Wende beim Schwimmen, wenn man plötzlich in den Reisern hängen geblieben ist", erinnert sich Liesel Heise, für die das Schwimmen ebenfalls ein Lebenselixier werden sollte – und Anstoß für ihr heutiges politisches Engagement.

In Kirchheimbolanden erlebte sie eine schöne Kindheit. Die kleine Stadt, damals noch im Dornröschenschlaf, liegt an den Berg geschmiegt. Barocke Häuser prägen das Bild der einstigen Residenzstadt. Mit drei Jahren lernte sie selbst schwimmen, nach winterlichen Trockenübungen auf einem Küchenhocker. In den ersten Maitagen ging es raus an den Thielwoog, der von Quellwasser gespeist mit knackigen Temperaturen aufwarten konnte. Es müssen herrliche Sommer gewesen sein.

„Humanistisch-spartanisch" sei ihre Erziehung gewesen, resümiert Lisel Heise. Latein und Griechisch lernte sie auf dem Gymnasium. Davon zehrt sie bis heute, doch alles, was sie zum Leben brauchte, wurde ihr auf der Landfrauenschule beigebracht. In München kamen noch einige Semester Pädagogik hinzu. Und sie schwärmt von Schwimmwettkämpfen im Münchner Dante-Bad, wo keine ruppigen Reiser mehr die Wende behinderten.

Nach dem Staatsexamen bekam sie eine Stelle in Künzelsau, wo sie neben dem Schulunterricht mit ihren Schülern nach alter Pfahlbauweise an verschiedenen Orten kleine

Schwimmbäder baute. Abrupt endete die gute Zeit in der Stadt am Kocher. Es folgte eine Strafversetzung nach Ostpreußen, da sie, die junge, selbstbewusste Frau, sich nicht so recht auf Kurs hatte bringen lassen wollen.

Im fernen Ostpreußen betreute sie deutsche Umsiedler aus Bessarabien, die ihre fruchtbaren Äcker hatten verlassen müssen, um nun mit den kargen Sandböden klarzukommen. „Ein einziges Trauerspiel", sagt Lisel Heise. Doch bei aller Nachdenklichkeit erinnert sie sich gern an ihr „Dienstfahrzeug", eine von einer Trakehnerstute gezogene Kutsche. Glückliche Umstände ließen sie nicht hinter den Sanddünen verkümmern. Sie konnte nach Künzelsau zurückkehren.

Seit 1942 war sie verheiratet. Jetzt, nach Kriegsende und der Gefangenschaft ihres Mannes, zog das Ehepaar nach Kirchheimbolanden – eine schwierige Zeit. Der Neustart in der zunächst beschlagnahmten Schuhfabrik misslang: *„Die Jungen wollten mit ‚California-Sandaletten' frischen Zeitgeist bedienen, der Vater dagegen ‚Schlappen' produzieren"*, erzählt Lisel Heise. Und plötzlich wurde sie zur Ernährerin der Familie. Erste Schulen hatten wieder geöffnet – mitten in den chaotischen Nachkriegsjahren mit allen Verwerfungen und unbehausten Existenzen: *„Erste Berufsschule – Schneiderklasse: Knaben zwischen 17 und 18 Jahren, frei laufend seit Monaten."*

Die „Knaben" saßen mit „offenen Messern" in der Bank und begrüßten sie: „Wenn se net mache, was mer wolle – steche mer se ab!" Bei den Mädchen war es nicht anders: „Ich sag's meinem Vadder, der schlägt se zusamme!" Eine kurze Episode – bald begann wieder der reguläre Unterricht an allen Schulen. Lisel Heise unterrichtete bis zur Geburt des dritten Kindes 1957. Ende der Sechzigerjahre kehrte sie wieder in den Schuldienst zurück und erinnert sich gern der Jahre an der damaligen Hauptschule, der späteren Realschule Plus. Neue Schulfächer, wie Wirtschafts- und Betriebslehre, traten auf den Plan. Noch als 57-Jährige ließ sie sich für das neue Fach weiterbilden.

Ein langes Leben, gewiss mit nicht nur heiter Sonnenschein, doch mit ihrer vitalen Kraft bleibt sie am Puls der Zeit. Ihre vielfältigen Interessen lassen sie offen und aufgeschlossen sein und bleiben.

Lisel Heise, mit 100 Jahren zur Stadträtin gewählt

Und das Schwimmen? Das Thielwoog-Bad gibt es nicht mehr. Seine Schließung war die Initialzündung für ihr politisches Engagement – keine egoistische Forderung, denn in einer Landschaft, die kaum größere Gewässer aufweist, ist es mit dem Schwimmsport und überhaupt dem Schwimmenlernen und -können nicht weit her. Für eine richtige „Wasserratte" ein einziges trostloses Trockendock!

Der Ärger über die Schließung des Thielwoog-Bades hatte sie schon lange umgetrieben. 2019 standen die Wahlen zum neuen Stadtrat an. Sie engagierte sich für die freie Wählerinitiative „Wir für Kibo". Ihre Bekanntheit vor Ort garantierte ihr den Einzug in den Stadtrat. Mittlerweile hat sie einen Freibad-Förderverein gegründet. Alles wäre möglich, auch ein gefluteter Steinbruch.

Am 27. Juni 2019 fand Lisel Heises erste Stadtratssitzung statt.

ELFRIEDE ALBERS

(1921–1980)

BALLETTMEISTERIN, TÄNZERIN, FOLKLORE-ENSEMBLE-GRÜNDERIN

„Die Guten gehen im gleichen Schritt.
Ohne von ihnen zu wissen, tanzen die
Anderen um sie die Tänze der Zeit."
Franz Kafka (1883–1924)

Elfriede Albers – ein Leben für den Tanz

1921 wurde sie in Mainz als Tochter des Konzert- und Kapellmeisters Bruno Albers und seiner Ehefrau Helene, geb. Bourbonns, geboren. Die Familie Albers übersiedelte in den Dreißigerjahren nach Bingen am Rhein.

Elfriede Albers kam früh zum Tanz. Aus einer Künstlerfamilie stammend, erhielt sie die entsprechende Förderung. Es war nicht der Traum eines kleinen Mädchens, das sich im Tutu wie eine Prinzessin an der Stange vor dem Spiegel auf die Zehen reckt. Sie wusste auf was sie sich einließ.

Die Schallenbergschule in Köln nahm sie 1935 als Elevin auf, wo sie nach drei Jahren ihr Tanzexamen ablegte und zugleich eine pädagogische Prüfung zur Tanzmeisterin bestand. Aus der Tanzprüfung heraus wurde sie als beste Schülerin zur Kölner Oper verpflichtet und war bereits im zweiten Jahr ihres Debüts in Solopartien zu sehen. Damals hatte sie schon so manchen Spitzenschuh zertanzt.

Ihre rasante Tanzkarriere ließ sie als Ballettmeisterin nach Oberhausen wechseln. Neben dem klassischen Spitzentanz und dem modernen Ausdruckstanz, galt ihr Interesse zunehmend den Nationaltänzen, wobei sie einen eigenen Stil favorisierte. Es folgten Jahre, in denen sie um ihre künstlerische Existenz bangen musste. Darüber sprach sie nur in Andeutungen.

In den Nachkriegsjahren konnte sie an ihre Erfolge anknüpfen. Sie erhielt den Ruf als Ballettmeisterin an das Stadttheater Trier. Nach einer Zwangspause durch eine Fußverletzung 1948 nahm sie ihre Arbeit in Trier wieder auf und zeigte in Tanzeinlagen bei festlichen Gelegenheiten ihre Kunst.

1947 war ihr Vater gestorben. Ein Bruder war gefallen, einer lebte in Düsseldorf, der andere in den USA. Sie entschloss sich, Trier zu verlassen, um bei ihrer Mutter in Bingen zu leben. Sie wusste um die Zukunft einer Tänzerin und hatte da bereits ihren Zenit überschritten. Eine grazile, schöne Frau, die alle Höhen und Tiefen einer Tanzkarriere kannte: die schmerzenden Füße und den Applaus, die Angst vor Verletzungen und den grandiosen Sprung in den Spagat.

Als „Weinkönigin" sollte sie 1950 das Binger Winzerfest eröffnen. Sie war in der Stadt ihrer Jugend angekommen. Ein Rückzug? Ein Stillstand? Sie war aufgebrochen, hatte auf großen Bühnen getanzt bis sich der Krieg in ihren künstlerischen Aufstieg gekeilt hatte, eine internationale Karriere verhinderte. Damals war damals – und ein zweites Leben begann: das der Ballettmeisterin und Tanzlehrerin.

Die Stadt sollte sie nicht mehr verlassen. Hin und wieder trat sie bei festlichen Galas mit einem ihrer Tänzer auf. Sie wechselten. Eine feste, private Bindung ging sie nicht ein. In den Räumen der hinter der Handelsschule Lax gelegenen Turnhalle eröffnete sie 1954 ihre Ballett- und Tanzschule. Ein bescheidener Anfang, denn es fehlte an allem. Weder Stange noch Spiegel waren vorhanden. Kleine Mädchen übten Grundschritte und die Musik kam vom Tonband, das auf einem kleinen Tischchen stand, wie auch die Thermoskanne mit dem Kaffee und dem geheimnisvollen Milchglas. Stutenmilch favorisierte die Ballettmeisterin. Neugierig schielten die Mädchen hin. Es waren die kleinen Eigenarten der Elfriede Albers. Ein Gefühl für Ästhetik verlangte sie auch ihren Schülern ab – damals unterrichteten Tanzlehrer noch in Etikette. Sie mochte nicht, wenn andere die Schallplatten wechselten – misstraute den „Leberwurstfingern" ihrer Umgebung sehr.

Nach der Bühnenkarriere folgte die zweite Karriere als Tanzpädagogin

ELFRIEDE ALBERS

69

Mit einer Hand an der Fensterbank wurden Ballettpositionen geübt. Bis zum „Pas de Chat" war es ein dorniger Weg. Vom Tonband kam „Le Carnaval des Animaux". Das Spitzenstehen machte wenig Spaß, aber die Mädchen sehr stolz. Zehn Mark kostete der Unterricht im Monat. Beim Bezahlen bekamen die Kinder jedes Mal ein Strasssternchen geschenkt, das von ihren Müttern sorgfältig am Trikot aufgenäht wurde – das „Ehrenzeichen" der besonderen Töchter. Im Ballett konnten sie unter sich bleiben, anders als im banalen Turnverein, wo Reck und Barren samt lauten Kommandos erschreckten.

Später modernisierte sie ihr Studio. Da war sie selbst schon eine Kulturinstitution in der Stadt am Rhein. 1956 war auf ihre Initiative hin die Binger Winzertanzgruppe gegründet worden. Es gelang ihr die Gruppe zu Höchstleistungen zu bringen. Rheinländer, Walzer, Polka wurden unter ihrer Leitung rasante Vorführungen. Spielerische Eleganz, mitreißender Schwung – die Tanzgruppe ragte aus den regionalen Folkloregruppen durch ihr Können heraus. Hartes Training und die engagierte Anleitung durch die Tanzmeisterin hatten dies möglich gemacht. Im In- und Ausland traten sie auf. Bis nach Kanada und Brasilien führten die Auftritte die Ensemblemitglieder.

Ihre Tanzschule in Bingen wie im nahen Ingelheim mit dem obligatorischen Abschlussball fand viel Zuspruch in der Region. In beiden Städten gab sie Ballettunterricht. Sie hatte einen guten Ruf und mittlerweile viel Konkurrenz. Elegant und charmant, voll Witz und Grandezza blieb sie ihren Schülern in Erinnerung. Vor dem großen Spiegel ihres Tanzstudios walzte die halbe Stadt vorbei. Als sie 1980 nach schwerer Krankheit verstarb, ging eine Ära zu Ende.

DIE 50ER-JAHRE – WENIG GLANZ UND VIEL BEHÄBIGKEIT

Conny Froboess trällerte „Pack die Badehose ein" und ein Film wie „Die Sünderin" mit **Hildegard Knef** wurde zum Skandal. **Caterina Valente** sang und tanzte durch das Wirtschaftswunderland und bediente die Italiensehnsucht der Deutschen. Brot und Spiele! Die Frauen waren die Verliererinnen dieser Zeit. Kinderreiche Familien wurden propagiert, ein traditionelles Ehe- und Familienverständnis herrschte vor. Persönliche und berufliche Entfaltung war für Frauen nicht vorgesehen. Der Ausgestaltung des Gleichberechtigungsgebots, dem sich einst Frauen wie **Elisabeth Selbert, Friederike Nadig, Helene Weber** und **Helene Wessel** verschrieben hatten, sollte noch ein steiniger Weg bevorstehen.

ERIKA KÖTH

(1925–1988)

EINE DER BESTEN KOLORATURSOPRANISTINNEN DER WELT UND DIE „KÖNIGIN DER NACHT"

„Mein ganzes Herz ist voll Musik."

Geboren 1925 in Darmstadt, wuchs sie im dortigen Martinsviertel bei ihren Großeltern auf. Bescheidene, kleinbürgerliche Verhältnisse, fern jeglicher Bohème und Künstlerattitüden, wenn auch der Großvater Jean Köth kleine Hauskonzerte zu geben pflegte. Für Erika Köth sollte diese Herkunft prägend sein. Beinahe unscheinbar wirkte sie neben glamourösen Operndiven vom Schlage einer Maria Callas oder Anna Moffo. Sie, Erika Köth, konnte allein durch ihr überragendes Talent überzeugen.

Es musste lernen, sich durchzubeißen, das Mädchen aus dem Darmstädter Martinsviertel. Das Schicksal hatte es nämlich gar nicht gut mit ihr gemeint. Im Alter von acht Jahren war sie an Kinderlähmung erkrankt. Sechs Monate lag sie, das lebhafte, bewegungsfreudige Kind, mit vollkommen gelähmten Beinen im Bett. „Ich hatte Beine wie ein Storch, aber mein Wille war eisern", erzählte Erika Köth später. Von ihren Freundinnen gestützt, schleppte sie sich

anfangs zur Schule. Einigermaßen sollte sie die schwere Erkrankung überstehen. Ein früher Traum, eine Ballerina zu sein, war ausgeträumt. Doch sie besaß ein noch viel größeres Talent: ihre Stimme – und so sang sie auch schon früh im Theaterchor.

Ihre Familie war von den „Extravaganzen" wenig begeistert. „Mach kee Bosse, lern liewer koche!", wurde ihr beschieden. Doch das gehbehinderte Mädchen erzwang den Kompromiss. Sie begann eine kaufmännische Lehre in einer Kohlenhandlung und nahm nebenbei Gesangsunterricht. Mit dem Austragen von Zeitungen wurde sie von ihrer Mutter Elli unterstützt. Doch bald waren sämtliche Theater und Musikhochschulen geschlossen. Darmstadt lag im Bombenhagel und Erika stand in Ober-Ramstadt an der Drehbank einer Munitionsfabrik. Es ging vorbei.

Im März 1945 war sie zwanzig Jahre alt und trat in amerikanischen Jazz-Klubs mit der Band „Wilhar-Melodiker" auf. Und endlich, im Winter 1945/46 konnte sie mit ihrer Ausbildung an der Darmstädter Akademie für Tonkunst beginnen.

1947 errang sie den ersten Preis bei einem Nachwuchs-Wettbewerb des Hessischen Rundfunks in Frankfurt unter 300 Mitbewerberinnen. Ihr Debüt hatte sie im Jahr darauf am Theater Kaiserslautern. Eine aufregend rasante Karriere begann.

Privat hatte sie mit ihrem späteren Ehemann, dem Schauspieler und Regisseur Ernst Dorn,

Erika Köth – keine Operndiva, aber die
„Königin der Nacht"

Siegfried übernahm. Es folgten weitere Auftritte im Londoner Convent Garden, in Los
Angeles, San Francisco und Budapest. Ihren
letzten Auftritt auf einer Opernbühne hatte sie
1978 in München als Mimi in Puccinis *La
Bohème*. Danach zog sie sich, weltberühmt,
von der Opernbühne zurück.

In Königsbach bei Neustadt in der Pfalz hatte
sie zusammen mit ihrem aus Speyer stammenden Ehemann ein Zuhause gefunden. Keine
spektakuläre Villa, sondern ein biederer Bun-
galow in herrlicher Landschaft zwischen Reb-
hängen mit Blick auf die Rheinebene. Ein
Refugium der Ruhe. Sehr nah war der Wald.
Einen Weinberg besaß sie auch. Sie schien
angekommen zu sein in einem stillen Hafen
nach einem Leben im Rampenlicht.

Hin und wieder zog es sie hinaus. Bis 1988 war
sie als Dozentin an den Musikhochschulen von
Köln und Mannheim tätig und in Königsbach
gab sie Meisterkurse. Im Fernsehen trat sie in
populären Sendungen, wie *Zum Blauen Bock*
mit Heinz Schenk, auf. Eine Primadonna ohne
Allüren. Mit „Frau Kammersängerin", kündigte Heinz Schenk sie in seinen Sendungen
an.

Ihr sollte kein langes Leben mehr beschieden
sein. Schwer erkrankt erlag sie am 20. Februar
1989 einem Krebsleiden.

*„Vermutlich hat es in der Geschichte des Gesangs
nie eine vergleichbare Verbindung von Kolora-
tur-Artistik, Herzenswärme, süßem Timbre
und einem Unterton von Volkslied gegeben",*

ihr Glück und einen Rückhalt gefunden. Nicht
im Theater hätten sie sich kennengelernt, sondern auf einem Fußballplatz, erzählte sie gern.

Nach ihrem beachtlichen Debüt in Kaiserslautern erhielt sie ein Engagement an das Badische
Staatstheater in Karlsruhe, von wo aus sie nach
drei Jahren an die Bayerische Staatsoper in
München wechselte, deren Ensemble sie bis
1978 angehörte.

Erika Köth sang über 270-mal die *Königin der
Nacht* in Mozarts Zauberflöte. Auch bei den
Bayreuther Festspielen machte sie Station,
wo sie die Partie des Waldvogels in Wagners

schrieb der Musikkritiker Karl Schumann in seinem Nachruf. Diesen Alleinstellungsanspruch nimmt sie bis heute ein. Im Landesarchiv Speyer wird ihr Nachlass aufbewahrt – und darunter befindet sich ein Kuriosum: eine Weinflasche mit dem Etikett *„Königsbacher Ölberg Riesling Spätlese, 88 Grad Oechsle, gelesen am 11.11.1970 mit 11 alten Weibern"*. Auf die Frage, wie es zu dieser Etikettierung gekommen sei, erwiderte Erika Köth in dem ihr eigenen Humor: „Wir hatten kein Wappen zum Aufdrucken, und da fiel mir ein, dass man im Mittelalter die Flaschen mit der Hand beschriftet hat, und da habe ich halt diesen Text geschrieben und ihn in der Druckerei abziehen lassen."

Sie besaß Witz und Geist, die quirlige Sängerin, die nicht durch Skandale und exzentrisches Verhalten durch die Gazetten rauschte. Aus dem Darmstädter Martinsviertel führte der Weg sie hinaus in die weite Welt. Eine kometenhafte Laufbahn – und erloschen ist ihr Stern nicht. Auf dem Alten Friedhof von Darmstadt befindet sich das Grab der Erika Köth-Dorn.

KARIN DOR
(1938–2017)

VON DER VERFOLGTEN UNSCHULD BIS HIN ZUM BOND-GIRL – EINE INTERNATIONALE KARRIERE OHNE FORTUNE

„Himmlisch, Frau Chefin, einfach himmlisch."
(aus: Rosen Resli, 1954)

1938 wurde Karin Dor als Kätherose Derr in Wiesbaden geboren. Ein Kriegskind mit großen Erwartungen und verlockenden Hoffnungen. Bereits als Gymnasiastin nahm die Tochter aus gutbürgerlicher Familie Schauspielunterricht und versuchte, als Statistin bei Filmproduktionen mitzuwirken. So erhaschte sie im Film „Rosen Resli" eine erste kleine Sprechrolle. Sie fiel auf mit ihren ausdrucksvollen braunen Augen und dem dunkelbrünetten Haar. Ein hübsches Mädchen, das in der Traumfabrik des deutschen Unterhaltungskinos seinen Weg finden wollte.

Aufgefallen war sie auch Harald Reinl, einem der produktivsten und einflussreichsten Regisseure des deutschen Nachkriegskinos. Und die Karriere der kleinen Komparsin nahm an Fahrt auf. Sie war sechzehn Jahre alt, als sie den dreißig Jahre älteren Regisseur, der Assistent bei Leni Riefenstahl gewesen war – heiratete. Lolita ließ grüßen oder: Ein erfolgreicher Mann setzte sich über gesellschaftliche

Spielregeln hinweg und eine ehrgeizige Gymnasiastin wollte unbedingt zum Film.

Rasch avancierte sie zu einer viel beschäftigten Filmschauspielerin. 1955 wurde sie Mutter eines Sohnes. Nach Wiesbaden kehrte sie nur noch zu Film- oder Pressebällen zurück. In zahlreichen Filmen aus der Sparte „Opas Kino" und einigen herausragenden Produktionen, wie in „Kleiner Mann – ganz groß (1957)" wirkte sie mit. Sie war eine merkwürdig unspektakuläre Erscheinung, sehr hübsch, sehr proper, sehr brav. Sie spielte in Filmen, wie „Die unsichtbaren Krallen des Dr. Mabuse" (1962), in „Winnetou II" (1964). Bis hin zur Rolle der Brunhilde, im Film „Die Nibelungen" (1966) besetzte sie jedes Rollenfach. Meist führte ihr Mann, der Spezialist für leichte Kost, Regie.

Höhepunkt ihrer Karriere sollte die Rolle der rothaarigen Agentin Helga Brandt im James-Bond-Film „Man lebt nur zweimal" (1967) sein. Karin Dor ist bis heute das einzige deutsche Bond-Girl geblieben. Auf dem internationalen Parkett ging es zügig voran. Unter der Regie von Alfred Hitchcock spielte sie im Agenten-Thriller „Topas" (1969).

Mit dreißig Jahren hatte sie bereits eine kometenhafte Kariere hinter sich – und dann begannen die Einschnitte. Da waren die Scheidung von Reinl 1968 und eine Krebserkrankung. Sie zog sich vom Filmgeschäft zurück, um sich mehr auf die Theaterarbeit zu fokussieren. In Köln, Hamburg, Bonn, München stand sie auf der Bühne. Auf Tourneen begeisterte sie in Boulevardstücken ihr Publikum.

Nach einer zweiten gescheiterten Ehe heiratete sie 1988 den früheren Stuntman und Filmregisseur George Robotham und lebte mit ihm abwechselnd in Beverly Hills und in ihrem Haus in Niederbayern. Mit 86 Jahren starb Robotham, an Alzheimer erkrankt, 2007 in Bonn.

Karin Dor kehrte auf die Bühne zurück. Ab 2008 feierte sie an der „Komödie im Bayerischen Hof". mit dem Stück „Man liebt nur dreimal oder die Katze" weiter Erfolge.

Karin Dor – eine Karriere zwischen Hollywood und Boulevardtheater

2015 geschah jener verhängnisvolle Unfall, von dessen Folgen sie sich nie wieder richtig erholen sollte. Zunehmend verschlechterte sich ihr Gesundheitszustand. Die letzten Monate ihres Lebens verbrachte sie in einem Pflegeheim in München. Dort verstarb sie am 6. November 2017 im Alter von 79 Jahren.

Sie hatte dieses Leben zwischen frühen Ruhm, Glamour, Schein und Sein, diesem Gefunkel im Rampenlicht mit viel Grandezza gemeistert – und letzthin ihren eigenen Weg gefunden.

ASTRID DINGES
(* 1939)

LITERATURWISSENSCHAFTLERIN, AUTORIN, YOGALEHRERIN

„Schleiernebel über dem Rhein
 Stimmen auf dem Grund
 eines noch nicht geborenen Tages.“

In Mainz geboren, wuchs sie im nahen Dexheim auf, wo die väterliche Familie seit Generationen Weinbau betrieb – eine Kindheit auf dem Lande. Nicht nur sonnige Tage durchstreifen ihre Erinnerung. Es war Krieg. Im nahen Oppenheim besuchte sie das Gymnasium und nach dem Abitur nahm sie ein Lehramtsstudium auf, unterrichtete als Lehrerin Musik und Religion. Doch es drängte sie nach Veränderung. Mexiko hieß das vorläufige Ziel. Dort an der Autonomen Universität von Mexiko-City erwarb sie den Magistertitel für Literatur mit einer Arbeit über den mexikanischen Literatur-Nobelpreisträger Octavio Paz. Seine Dichtung sollte großen Einfluss auf ihr eigenes Werk und die Hinwendung zum Yoga haben. Nachdem sie Mexiko verlassen hatte, promovierte sie in Haifa/Israel über die Schriftstellerin Ester Rabin.

Astrid Dinges, eine große, schlanke Frau, macht nicht viel Aufhebens um ihre Person. Von zurückhaltender und freundlicher Art gestalten sich Gespräche mit ihr sehr angenehm.

Als Lyrikerin hatte sich die polyglotte Autorin bereits einen Namen gemacht als sie 2013 ihr Prosa-Debüt mit dem Roman *„Es öffnet endlos sich die Nacht"* vorlegte. Ihr Werk: *„Der Ruf des Roten Jaguars"*, worin sie Mythen, Märchen und Geschichten aus Mexiko vereint, hatte zuvor schon viel Aufmerksamkeit und Anerkennung gefunden. Doch neben der Autorin gibt es noch die Yogalehrerin Astrid Dinges. Dazu sagt sie: *„Ich weiß nicht, was zuerst in meinem Leben war, die Poesie oder Yoga. Auf alle Fälle war es*

„Sonnenstein" habe ich mich intensiv in Form einer wissenschaftlichen Arbeit auseinandergesetzt und das Ringen des Dichters mit der Vergangenheit, der Einsamkeit, der Ekstase in seinen Bildern und Rhythmen erfahren, was mich zu meinem eigenen Ausdruck geführt hat, besonders zu der Befreiung durch das Wortbild. In einer persönlichen Begegnung mit dem späteren Nobelpreisträger (1990) konnte ich meinen unbewussten Umgang mit der Literatur und Wortschöpfungen klären. Es sind die Triebfedern von Schmerz und Ekstase. Durch den Inhalt seiner Gedichte in „Ladera Este" (östliche Ufer) wurde der Eckstein für meinen Yoga gelegt, der mich nun schon dreißig Jahre täglich begleitet. Die Begegnung mit der Stille, dem Atmen, überhaupt mit meinem Körper finde ich die Worte aus der Leere heraus. Octavio Paz war mehr durch den Tantra-Yoga, den Klängen und dem weiblichen Körper geprägt, von der Lehre des großen Fährschiffs, dem Mahayana."

Octavio Paz war in den 1950er-Jahren Botschafter in Japan und Indien. Während dieser Zeit beschäftigte er sich intensiv mit taoistischen und buddhistischen Schriften. Der brillante Essayist äußerte sich zu seiner Dichtung einmal folgendermaßen: *„Die Dichtung ist Metamorphose, Veränderung, alchimistischer Vorgang, und darum grenzt sie an die Magie, an die Religion und andere Versuche, den Menschen zu verwandeln und aus ‚diesem' und ‚jenem' diesen ‚anderen' zu machen, der er selber ist. Das Bild verwandelt den Menschen und lässt ihn seinerseits Bild werden, das heißt Raum, in dem die Gegensätze verschmelzen. Und der*

die Musik. Mit sechs Jahren begann mein systematischer Klavierunterricht – damals noch mit der Verpflichtung, ein Brikett zum Heizen mitzubringen; zuvor hatte ich schon viele Lieder von der Großmutter und meiner Tante Martha gelernt. Die Musik habe ich dann auch zum Beruf gemacht. Mexiko und Indien haben mich zum Gedicht hingeführt, aber vielleicht hat mich auch die Poesie nach Indien und Mexiko geführt. Es war die Begegnung mit der Lyrik von Octavio Paz, der eine persönliche Begegnung folgte. Mit seinem Langgedicht

Mensch selber, von Geburt an in sich zerrissen, versöhnt sich mit sich selbst, wenn er Bild wird, wenn er ‚ein anderer' wird."

Damals hatte Astrid Dinges bereits einige nette Yoga-Erfahrungen machen dürfen, die über Kopfstand und Atemübungen in einem schönen mexikanischen Garten nicht hinausgingen. Das sollte sich bald ändern. Alles was sich Astrid Dinges in ihrem Leben vorgenommen hatte, geschah bei aller Begeisterung gründlich und mit einem enormen Einsatz an Lebenszeit.

Fasziniert von der Kraft, die sie aus dem Yoga schöpfen konnte, absolvierte sie ihre Ausbildung am Yoga-Institut in Bad Nauheim, wo sie 1989 die Übungsleiterprüfung ablegte. In ihrer wissenschaftlichen Hausarbeit beschäftigte sie sich thematisch mit den energetischen Wirkungen von Musik und Yoga. Um ihr Wissen zu erweitern, entschloss sie sich, den Ashram Rishikesh im Norden Indiens zu besuchen, der speziell westlichen Schülern durch Kurse und Lehrgänge eine fundierte Ausbildung im Yoga anbietet.

Rishikesh ist eine malerisch gelegene Stadt am Ufer des Ganges, der noch klar und sauber seinen langen Weg bis in den Golf von Bengalen vor sich hat, alles aufnehmend, was sich ihm an Glück. Leid und Hoffnung hingibt. Nach Rishikesh blieb sie noch eine Weile in Kalkutta, jener Megastadt, die für westliche Besucher zur Herausforderung werden kann. Heute lebt Astrid Dinges wieder in ihrem Heimatort und gibt dort Yoga-Kurse. Dem „lebendigen Wasser" ist sie treu geblieben. Die Begegnung mit dem Rhein gehört zu ihrem Tagesablauf.

Ihre Yoga-Ausbildung führte sie bis nach Indien

Mit ihrem Buch *„Yoga und Sternzeichen"* bekennt sie sich zum „Stern über der Wiege" (Hölderlin). Sie erklärt darin, dass Yoga und Astrologie sehr alte Wissenschaften sind und sie sieht im Geburtshoroskop Stärken und Schwächen, Begabungen und Vorlieben, die den Menschen auf seinem Weg zur Selbsterkenntnis begleiten. Keine schicksalshafte Vorherbestimmung, denn durch Lernen und Üben kann sich der Einzelne entwickeln. Niemand bleibt seinem Schicksal ausgeliefert. Eine tröstliche Botschaft.

ASTRID DINGES

HELGA BENDER

(1942–2018)

GRAFIKERIN, KABARETTISTIN, SCHAUSPIELERIN

„Daß wohl kein Frauenzimmer in der Welt mehr Verdienst hat, wenn es ganz tugendhaft bleibt, wie ein Frauenzimmer bei dem Theater."
Karoline Schulze-Kummerfeld (1745–1815), Komödiantin

Geboren wurde sie als Helga Hansen im sächsischen Kamenz. Bevor sie 1966 die DDR verließ, arbeitete sie als Kindergärtnerin. In der BRD angekommen, absolvierte sie an der „Kunstschule Mainz" eine Ausbildung zur Grafikerin. Die extrovertierte, theaterbegeisterte Helga Hansen fand rasch Kontakt zur Mainzer Kabarettszene. Im Ensemble „Die Poli(t)zisten" trat sie im Programm „Platonische Hiebe" auf, was ihr einiges an Aufmerksamkeit bescherte. Gleichzeitig besuchte sie die Schauspielschule in Wiesbaden, um ihrer Bühnenleidenschaft eine solide Basis zu geben. Der Erfolg ließ nicht lange auf sich warten.

1969 erhielt sie ein festes Engagement am damaligen Stadttheater Mainz. Eine Seiteneinsteigerin, ausgestattet mit Talent und Vitalität. Unter dem Namen Helga Bender gehörte sie dem Ensemble des späteren Staatstheaters Mainz bis 2004 an. Sie brillierte in großen Bühnenrollen, wie der Titelrolle in Lessings „Minna von Barnhelm" oder als Terese in „Fremdes Haus" von Dea Loher.

Doch da gab es noch eine Helga König, die so gar nicht ins Bild der Mainzer Bühnen passte. Sie hatte es nicht lassen können, sprang auf den Erfolgszug auf, den der Regisseur Franz Marischka, heute schon recht angestaubt, fröhlich-derb durch die Siebzigerjahre steuerte. In den Erotikkomödien, bieder, plump und ziemlich dumm, wurde das Genre der „Lederhosenfilme" bedient – und mittendrin Helga König. Die Geister, die sie gerufen hatte, sollten an ihr hängenbleiben. Hartnäckig sprach sie von einer Doppelgängerin. Die Filmchen hatten ihr nur Ärger eingebracht und keinen Filmstar aus ihr gemacht.

Helga Bender war eine vielschichtige, vitale Persönlichkeit und jeder, der ihr einmal begegnete, wurde von ihrem Charme und ihrer Großherzigkeit eingenommen, und da sollten die Seitensprünge ins Schlüpfrige keine Gewichtung finden. Es tummelten sich ganz andere Namen in diesem Metier und erfolgreich waren Marischkas Filme allemal. Bis zum Überdruss wurde gedreht – deutscher Schenkelklopfhumor in Reinkultur.

In „seriösen" Filmen stand sie – jetzt wieder Helga Bender – vor der Kamera, etwa 1976 unter Rainer Werner Fassbinders Regie im Fernsehfilm „Ich will doch nur, dass ihr mich liebt." Ihre wichtigste Filmrolle sollte die der „Martina" in Edgar Reitz' „Heimat" sein. Eine spannende Figur, flitternd und flatternd, der sie mit ihrer starken Präsenz einen besonderen Farbton verlieh.

Sie war eine talentierte Schauspielerin und ein wenig ein bunter Schmetterling, offenherzig und impulsiv. Einmal besuchte sie mit ihrem Ehemann, dem Lokalpolitiker und Historiker Dr. Anton Maria Keim, eine Kunstausstellung in Rockenhausen. Doktor Keim war ein zurückhaltender Mann mit dezentem Humor, wohingegen seine Frau „das Herz auf der Zunge" trug. Sie duzte sich mit jedem, während ihr Ehemann stets höfliche Distanz wahrte.

Helga Bender – talentierte Schauspielerin, die das Herz auf der Zunge trug

2011 zog sie mit ihrem Mann, der nach einem Sturz gehunfähig geworden war, ins Pflegeheim „Maria Königin" in Drais, wo sie sich ein Doppelzimmer teilten. Manchmal noch blitzte das Exzentrische auf, doch eigentlich hatte sie sich bereits arrangiert mit den etwas engen räumlichen Verhältnissen im Pflegeheim. Doch ganz hatte sie die Bühne noch nicht hinter sich gelassen. In der Spielzeit 2016/17 war sie in einer Neuproduktion von „Carmen" am Staatstheater Wiesbaden als greise Mutter Don Josés zu sehen. Es sollten ihre letzten Bühnenauftritte bleiben.

Eine ungewöhnliche Frau, etwas zu laut, etwas zu direkt, und doch von großer Herzlichkeit, eine die sich durchgeschlagen hatte, um zu ankern in der Stadt am Rhein – ihrer Wahlheimat. Irrungen und Wirrungen, wie hätte es auch anders sein können, bei bei so viel Temperament und Offenherzigkeit.

Mit 76 Jahren starb sie 2018 im Caritas Altenzentrum in Mainz-Drais. Ein stiller Abschied von der Bühne des Lebens.

Christa Estenfeld – Malerei und Literatur in Symbiose

CHRISTA ESTENFELD
(* 1947)

ZEICHNERIN, AUTORIN, PÄDAGOGIN

„Jeder ist in jeder Sekunde ein anderer."

Christa Estenfeld wurde 1947 in Mainz geboren. Sie studierte Grafik-Design und später Bildende Kunst. Nicht nur in der Bildenden Kunst fand sie ihren künstlerischen Ausdruck. 1987 erschien ein Band, der Lyrik und farbige Zeichnungen vereint, ohne dass sie direkt in Verbindung stehen. Es folgten Erzählungen und Romane. Ihr literarisches Werk erhielt zahlreiche Auszeichnungen, so den Bremer Förderpreis für den Erzählungen-Band „Die Menschenfresserin", ihr eigentliches Debüt als Autorin.

Ihr Vater hatte als junger Mann Ambitionen, musste kriegsbedingt aber die Bäckerei der Eltern übernehmen, später war er im Wasser- und Schifffahrtsamt tätig. Begeistert schrieb er Verse und Lieder für die Mainzer Fassenacht.

Es waren einfache Verhältnisse, damals im Mainz der Fünfzigerjahre. Die Schule gab ihr nur wenig mit. Eigentlich wollte sie nur zeichnen und lesen. Hin und wieder entstanden kleine Geschichten.

„Sehe Kiefernadeln im Sand am Waldrand und schattigen Sand am Rheinufer. Sehe Steintreppen, dann Treppen aus Holz. Früh kam ich zwischen zwei Schwestern auf die Beine. Ich sehe drei Bücher, die faszinierten mich im spärlich bestückten Regal, eins von Kafka, eins von Heinrich von Kleist und eines von Paul Claudel ‚Der seidene Schuh'. Ich verstand keines, schaute aber immer wieder hinein."

Fast gegen den Willen der Eltern begann sie ein Kunststudium. Dort fühlte sie sich zu Hause, lernte im Kreis von Kollegen ein wenig das Vertrauen auf die eigenen Fähigkeiten. Jung heiratete sie und arbeitete bei J. W. Thompson in Frankfurt als Grafikerin. Für sie eine unproduktive, beinahe traumatische Zeit. Für ihre Kunst war kein Platz. Bald ging auch die Ehe in die Brüche.

Christa Estenfeld entschloss sich zu einem zweiten Studium, dem die Anstellung als Kunsterzieherin (Oberstudienrätin) am Lina-Hilger-Gymnasium in Bad Kreuznach (1979 bis 2006) folgte. Trotz aller Belastung durch Artfremdes, aber nicht zuletzt auch durch die Beschäftigung mit den Jugendlichen entstand ein umfangreiches Werk aus Zeichnungen, Malereien und keramischen Figuren. Sie schien angekommen zu sein. In Ausstellungen fand das Geschaffene viel Zuspruch.

Mit h. j. Kropp, ihrem zweiten Mann, dessen Kunst getrennt und doch parallel zu ihrer eigenen entstand, betrieb sie eine Kunstgalerie in Mainz – in der früheren Backstube ihrer Großeltern. Damals dachte sie daran, Bücher zu schreiben und sie zu illustrieren.

Zu ihrer künstlerischen Arbeitsweise sagt sie: *„Oft entsteht das Beste trotz Zeitmangel, trotz Ablenkung. Im Wiederaufnehmen eines unterbrochenen Gedankens klärt sich seine Darlegung. Auch Träume geben etwas ein, dem ich nachgehen muss.*

Meine Texte erzeugen Bilder. Sie brauchen keine Illustration. Ich möchte direkt und einfach

Christa Ehrenfelds Bilder sind geprägt von atmosphärischer Dichte

CHRISTA ESTENFELD

formulieren. Die Rolle der Natur in meiner Prosa ist sehr wichtig, sie muss so treffend sein, dass Schilderungen von Aussehen und Psyche der Protagonisten entfallen können. Das Ich steckt im Phantastischen und im Realen, die Welt besteht aus Seelenlandschaften. Ich denke, dass vor allem anderen der Ursprung den Menschen prägt. Er bleibt diesem Ursprung immer ausgesetzt. Politische und soziale Vorgänge durchdringen das Individuum und werden in ihm relevant. Mit seinem Welttheater im „Seidenen Schuh" hat Paul Claudel mir einen Weg gewiesen, auch Kafka, sowie Heinrich von Kleist, mit allem, was sie schrieben. Doch vieles hinterlässt Tag für Tag seine Spuren. Wie Maria Lassnig, die österreichische Malerin, einmal sagte: Jeder ist in jeder Sekunde ein anderer."

Sechs Romane und viele Erzählungen entstanden. Christa Estenfeld ist eine Künstlerin, die in ihrer Vielseitigkeit, eine gelungene Symbiose zwischen Malerei und Literatur eingegangen ist. Ihre Sprache besitzt eine beinahe magische Anziehungskraft. In großer Präzision entstehen atmosphärisch dichte Bilder, untermalt von rätselhaften Verschlingungen, durch die die Wirklichkeit immer irrlichternd aufscheint.

Ihre Buch- und Plakat-Gestaltungen, u. a. für den Musikverlag Schott und das Mainzer Unterhaus, zeichnen sich durch zarte Bilder von fließender Eleganz aus, häufig beinhalten sie fantastische Elemente.
Ein Künstlerleben, geprägt von der Wahrnehmung mit allen Sinnen.

JUTTA WEINHOLD
(* 1947)

ROCKSÄNGERIN UND POETIN – GELEBTER ROCK 'N' ROLL

„Ich singe nicht nur einen Ton, der Ton hat ein Wort und das ist die Botschaft."

Aufgewachsen im Weinort Essenheim. Ein reizvoller Ort, barocke Hofanlagen und eine ehemalige Wehrkirche – Idylle zwischen Rebenhängen vor den Toren von Mainz. Von dort führte der Weg sie früh hinaus – hinein in die exaltierte Welt der Musikkultur. Es war die Zeit, als in jedem Keller eine Amateurband probte. Einige etablierten sich als Unterhaltungsbands und nudeln ihre Stücke bis heute vor einem treuen Publikum auf Kerben und Weinfesten runter. Cover-Band for ever!

Jutta Weinhold hielt sich mit dem Amateurgesang nicht lange auf. Zufall, Glück, Talent? Von allem gewiss etwas. Ihr Typ war gefragt. Eine Mischung aus Blumenkind und Femme

Jutta Weinhold – Karriere und Beständigkeit in einer Männerdomäne

fatal. Aufregend attraktiv. Im Musical „*Hair*", Meilenstein der Popkultur, subversives Postulat einer ganzen Generation, war sie in der Rolle der „Sheila" eine kleine Sensation. Ein Quantensprung zu Beginn einer Karriere. Weiter ging es mit „*Jesus Christ Superstar*". Richtig bekannt machte sie 1973 ein TV-Auftritt in Ilja Richters populärer Sendung „disco" (1971–1982) mit dem Song „*Cadillac*". Als „deutsche Antwort auf Suzi Quatro", kündigte der Moderator sie damals an. 1974 ging sie mit der legendären Krautrock-Band Amon Düül II auf Frankreich-Tournee.

Mittlerweile hatte sie ihren Lebensmittelpunkt in Hamburg gefunden, wo sie in der dortigen Musikszene zur festen Größe werden sollte. Ab 1975 spielte sie Blues-Sessions mit der „*Kaftan-Blues-Band*" und veröffentlichte unter eigenem Namen 1976 die LP „Coming", der 1978 das Album „*Jutta Weinhold*" folgte. Von 1976 bis 1978 war sie Gastsängerin bei Udo Lindenberg, eine wilde Zeit, wie sie sich erinnert, doch es gehörte eben dazu. In Udo Lindenbergs erstem Live-Album *Livehaftig* hat sie sämtliche weiblichen Gesangpartien eingesungen. Es kam nicht von ungefähr, dass sie, die mittlerweile populäre Sängerin, für eine Produktion des Berliner Senats 1980 die LP *„Mach nen Bogen um die Drogen"* mit ihrer Jutta Weinhold Band einspielte.

Es scheinen bei ihr keine „schöpferischen Pausen" oder ähnliche Ausfälle eingetreten zu sein. Im Gegenteil, ein unermüdliches Suchen nach Ausdrucksformen bestimmen den Verlauf ihrer kreativen-musikalischen Entwicklung, die nie in der Saturiertheit geendet ist.

1982 veröffentlichte sie mit der Band-Formation *„Breslau"* das deutschsprachige Album *„Volksmusik"*. Harter Punk Metal mit schrillprovakanten Texten. Mit der Gründung ihrer Band Zed Yago war das Genre des Dramatik Metal in den Fokus der Rock-Musik-Geschichte getreten.
„Don't leave before wintertime" – die klangstarke Stimme Jutta Weinholds nimmt hier ein dunkles-lyrisches Timbre an. Metal in einer glücklichen Verbindung mit klassischen Elementen wandelt sich in eine balladenhafte Schönheit. Ein künstlerischer Höhepunkt ihrer bisherigen Musikkarriere. Von 1985 bis 1989 bestand die Formation *Zed Yago*. Tourneen in Deutschland und England inbegriffen. Wegen eines Rechtsstreites um den Bandnamen wurde dieses Konzept später unter dem Namen *Velvet Viper* fortgeführt. Doch der Erfolg war nicht wiederholbar. Der Zeitgeschmack diktiert und triumphiert.

Neben den vielen Projekten war und ist Jutta Weinhold eine gefragte Studiomusikerin. Noch heute empfindet sie die Musik als einen Aufbruch in ein großes Abenteuer. Sie folgte dem, was sich altmodisch „Berufung" nennt. Hinter ihr stand keine Pop-Akademie, keine Casting Show. Sie musste überzeugen, sich beweisen, ständig neu erfinden, ihre Kreativität zügellos entfalten. Ihre Musik muss, wie sie ausdrücklich betont, ihrer Mentalität, ihrem Wesen entsprechen. Ohne Talent wäre es der Jugendtraum einer rheinhessischen Winzertochter geblieben, ein Traum, der sich wahrscheinlich in einem subalternen Lebenslauf aufgelöst hätte. Es gehörte eben von Anfang an mehr dazu, als nur sehr jung und sehr hübsch zu sein. Sie begann ihre Karriere noch in einer Zeit, als Charaktere gefragt waren und keine gestylten Puppen, deren dünne Stimmen von zig Computern aufgemotzt werden. Ein solches Kunstprodukt war und ist Jutta Weinhold nicht. Sie besticht sowohl durch ihr Stimmvolumen, wie ihrer Virtuosität – und nicht zu vergessen, für eine Sängerin ihres Formates, auch einer enormen Bühnenpräsenz.

2011 veröffentlichte sie ihr erstes Buch *„Die Tochter des fliegenden Holländers auf der Suche nach der verlorenen Phantasie"*, worin sie der Kreativität ein „hohes Lied" singt. In einer Männerdomäne wie die der Rockmusik sich zu behaupten, dazu braucht es Stärke und Durchsetzungskraft. Jutta Weinhold hat es geschafft, ist nicht zum schnuckligen Beiwerk verkommen. Und heute, wo sich das Musikbusiness radikal kommerzialisiert, sein Popgesülze auf den Markt wirft, um es gleich wieder in der Ramschkiste zu entsorgen, lebt sie weiter den Rock – mit stimmlicher Kontinuität, Leidenschaft und Energie.

Seit drei Jahren gibt es *Velvet Viper* wieder. Eine aktuelle CD erschien bereits im März 2018 *„Respice Finem"* und im Oktober 2019 kommt *„The pale man is holding a broken heart"*. Poesie, Mythologie und Fantasie vereinen sich in den Songs zu kunstvollen Verbindungen. Musik, die eben mehr als Kommerz und Unterhaltung sein will.

Neben der Rocksängerin darf die Musikpädagogin Jutta Weinhold nicht vergessen werden, die seit vielen Jahren an der Musikschule von Hanstedt einen Gospel-Chor leitet.

Das Schlusswort gehört Jutta Weinhold: „Im Rock 'n' Roll stirbt man jung oder gar nicht, das erste kann mir schon nicht mehr passieren ..."

GERTRUDE MARIA WALTER
(1952)

INDUSTRIEKAUFFRAU UND DER MIKROKOSMOS HEIMAT

„Wisse die Wege."

Heimat mag ein wohliges Gefühl von Geborgenheit erzeugen. Sie kann ein Ort sein, an den man immer wieder zurückkehren kann und möchte. Glücklich, wer einen solchen Ort besitzt, was durchaus keine Selbstverständlichkeit ist. Sie, 1952 geboren, verbrachte ihr ganzes bisheriges Leben an einem Ort, ohne jemals das Bedürfnis nach räumlicher Veränderung oder dem Fernweh gehabt zu haben. Hier ist sie zu Hause.

Der Ort hat sich verändert, nicht immer zu seinem Vorteil, doch in ihrer Erinnerung hat alles seinen Platz, auch dort, wo sich die Zeit längst darübergewälzt hat. Ihr Refugium hat die Grenzen gesprengt, dennoch verortet sie jene Momente, die sich aus der Zentrifuge des Fortschritts gerettet haben. Dabei entsteht keine konservative, heimelige Sicht auf die Dinge, sondern ein Stück praller Sozialgeschichte – einer Geschichte „von unten".

Es könnte jetzt der Einwand kommen: Was ist da Besonderes daran? Die Antwort dürfte lauten: Es sind die Splitter der Erinnerung, die ein Ganzes ergeben. Eine analytische Aufarbeitung des Gewesenen, ohne Achsenverschiebung in Richtung Anekdotenhaftigkeit, wie sie sich allzu gern in die Form der tradierten Erinnerung einschleicht, wo die Wissenslücken sich als so groß erweisen, dass sich daraus keine konkret gesicherte Abrufungsmöglichkeit ergibt – allenfalls eine nette Geschichte. Für die meisten ist es sowieso „altes Zeug". Sie kennen den Wert der Erinnerung nicht, wollen nicht wahrhaben, welchen Einfluss Vergangenes auf die Gegenwart besitzt. Warum auch? Es geht ihnen doch gut! Etwas in Nostalgie schwelgen und in der Straußwirtschaft vom „roten Lui" und der „Kuh-Anna" palavern. Wohl temperierte Erinnerungen sind es.

Vielleicht begann bei ihr alles im elterlichen Betrieb mit seinem Kommen und Gehen. Ein launisches Pulsieren – und sie, die jüngste der drei Geschwister, war oft mit dabei. Auch das wäre kein Garant für die Inventarisierung des Wissens gewesen. Es muss eine ungewöhnliche Aufnahmebereitschaft bestanden haben, diese Geschichten im Gedächtnis zu bewahren, sie wie in Gießharz gegossen festzuhalten.

Gertrud Maria Walter will die Erinnerungen an die Heimat bewahren

Überschaubar war das Kindheitsland. Enge Gassen, alte Wege, Winkel und Plätze. Ein Weindorf in der Ebene. Gertrude wuchs im neuen Teil des Ortes auf. Dort hatten die Häuser sanitäre Anlagen und ein, zwei Zimmer mehr. Nach der Realschulreife absolvierte sie eine Lehre zur Industriekauffrau. Später heiratete sie. Das Private soll privat bleiben.

Sie könnte, despektierlich gesagt, als „Lexikon der Lokalgeschichte" gelten. Neben dem eigenen „Archiv" besitzt sie hervorragende Kenntnisse über familiäre Verbindungen und Beziehungen, um immer wieder entsprechendes Material und Informationen zu erhalten. Hinzu kommt ihr fotografisches Gedächtnis, das exakte Bilder und Situationen erzeugen kann. Räume, die sie vor Jahrzehnten betreten hatte, kann sie in ihrer Anordnung wiedergeben, bis hin zu der darin herrschenden Atmosphäre. Es müssen tiefe Eindrücke für das „Trudel" genannte Mädchen gewesen sein.

„Heimatforscher" unterteilen sich in der Regel in drei Persönlichkeitstypen. Da sind die Sammler, die alles gebrauchen können, die horten und aufbewahren und häufig selbst längst den Überblick verloren haben. Dann tummeln sich die „Vermarkter", die ihrem Ego schmeicheln, sich in Vorträgen aufblasen und gerne Ehrungen entgegennehmen. Es handelt sich oft um dominante Persönlichkeiten. Informationen sind ihnen immer hoch willkommen, doch schweigen sie sich über die Quellen gerne aus. Dann gibt es die Seriösen, für die Informationen keine Halbwertzeit besitzen, die sorgfältig mit dem Material umzugehen verstehen und sich durch ihre Qualifikation auszeichnen.

Gertrude Maria Walter hat mit allen drei ihre Erfahrungen machen dürfen. Nein, es ist kein leichtes Unterfangen. Sie liebt ihre Heimat, sie will die Erinnerung daran bewahren, doch es gelingt ihr nicht, diesen Schatz selbst zu heben. Es fehlt ihr dazu an Selbstvertrauen und Unbekümmertheit – wünschen wir ihr für die Zukunft mehr Mut, das eigene Wissen aufzubereiten und die vielen schönen Erinnerungen an eine Zeit, als wir alle jung gewesen waren, zu bewahren.

DONKA CANZLER
(* 1960)

GITARRISTIN UND MUSIKPÄDAGOGIN

„Mit meinen Händen mache ich Feuer
mit meinem Herzen singe ich für dich
die Saiten meines Herzens weinen."

Als Älteste von fünf Kindern wuchs sie in Mainz auf, wo sie Schülerin am Frauenlob-Gymnasium war. Sprachbegabt begann sie nach dem Abitur an der Hartnackschule in Frankfurt am Main eine Ausbildung zur Fremdsprachlichen Sekretärin. Ihre musischen Neigungen ließ sie vorerst außen vor. Das gehörte ganz und gar nicht in ihre Welt. Den kleinen, feinen Unterschied hatte sie schon früh kennengelernt. Während ihre Freundinnen am Gymnasium Ballett- und Klavierunterricht erhielten, war es bei ihr beim Flötenspiel geblieben – eine erste Begegnung mit der Musik, bei der sie Talent gezeigt hatte. Dennoch war eine Förderung nicht vorgesehen. Sie sollte was „Anständiges" lernen. Der Besuch des Gymnasiums war schon keine Selbstverständlichkeit gewesen, doch die Tatsache, dass sie eine gute Schülerin war, hatten die bildungsbürgerlichen Ressentiments gedämpft.

Den Besuch der privaten Hartnackschule finanzierte sie sich durch zahlreiche Jobs, von der Bürotätigkeit bis zur Putzstelle. Früh lernte sie so, für sich selbst zu sorgen. Nach Beendigung der Schule absolvierte sie eine zweijährige Lehre zur Bankkauffrau bei der Landesbank in Mainz. Sie blieb nach der Lehre bei der Landesbank, wo sie im Währungsdispositionsgeschäft tätig wurde.

Ein Leben in bürgerlicher Gelassenheit schien sich anzubahnen. Sie heiratete, zwei Söhne wurden geboren und ein Haus gebaut. Jetzt war sie Hausfrau mit der Option irgendwann

Donka Canzler – von der begabten Dilletantin zur Künstlerin

wieder in den Beruf zurückzukehren. Ihre freie Zeit vertrieb sie sich mit allerhand kreativem Kleinkram, doch stellte sich rasch eine gewisse Schalheit ein. Der dritte Keramikkurs konnte es auf Dauer nicht gewesen sein. Raus musste sie aus der langsam sich als zermürbend erweisenden Alltäglichkeit.

1993 entschloss sie sich Gitarrenunterricht zu nehmen, zusammen mit ihrem Mann. Es war ein glücklicher Zufall, gleich den richtigen Lehrer gefunden zu haben. Bei ihm, einem Komponisten und Gitarristen, erhielt sie eine fundierte Ausbildung in klassischer Gitarre. Sie setzte ihren ganzen Ehrgeiz und ihr Talent in das Erlernen des Instrumentes. Irgendwann gab ihr Mann auf. Er hatte etwas Gitarrenspielen gelernt, mehr brauchte es nicht zu sein. Zwei Jahre, von 1993 bis 1995, blieb sie bei „ihrem" Gitarrenlehrer. Ihre weitere Ausbildung bei verschiedenen Lehrern umfasste die Flamenco Gitarre und die lateinamerikanische Musik. Parallel zum Gitarrenunterricht nahm sie für kurze Zeit Geigenunterricht (Irish Fiddle) in Darmstadt. Letztendlich kehrte sie zur Gitarre zurück.

Nach der Trennung von ihrem Mann begann sie wieder bei der Landesbank zu arbeiten, eine enorm stressige Zeit, alleinerziehend und voll berufstätig. Sie sehnte eine Veränderung herbei und schwankte zwischen Übersetzerin – oder doch einem Leben als freie Künstlerin. Aus pragmatischen Gründen begann sie ein Fernstudium, das in Richtung Übersetzerin führen sollte, um sich dann doch für die Musik zu entscheiden, wobei sie sich der Unterstützung ihres Ex-Mannes sicher sein konnte. Ein Sprung ins kalte Wasser, ein Spagat zwischen Kunst und ökonomischer Absicherung.

Heute unterrichtet sie an der Musikschule Ebernburg, der IGS-Bad Kreuznach und der Musikschule Bingen. Zudem kann sie sich auf ihre Privatschüler verlassen. Mit dem Duo Sal y Arena, das andalusische und sephardische Lieder im Repertoire hat, gab es zahlreiche Auftritte auch außerhalb der Region. Zu ihrer Musik sagt sie: *„Mir ist es wichtig, die Gitarre als ein ernst zu nehmendes Instrument zu erkennen, auf dem man eben nicht nur Akkorde (‚Lagerfeuermusik') spielen kann, sondern anspruchsvolle Musik verschiedener Stilrichtungen".*

Es war kein kometenhafter Aufstieg, eher ein Weg voller Stolpersteine. Kann ich mir das erlauben? Werde ich es schaffen? – das Abwägen begleiteten sie sehr lang. Donka Canzlers musikalische Karriere basiert nicht auf der üblichen Glücksverheißung „Lebe deinen Traum". Sie hat es sich nicht leicht gemacht und war sich ihrer Verantwortung wohl bewusst. Kein Traumgehäuse, das krachend zusammenbricht, hat sie sich aufgebaut. Als sie noch zauderte, hatte sie mit ihrem Talent längst die Schwelle von der begabten Dilettantin zur Künstlerin überschritten.

Die Konzertgitarre als ernst zu nehmendes Instrument jenseits der Lagerfeuermusik

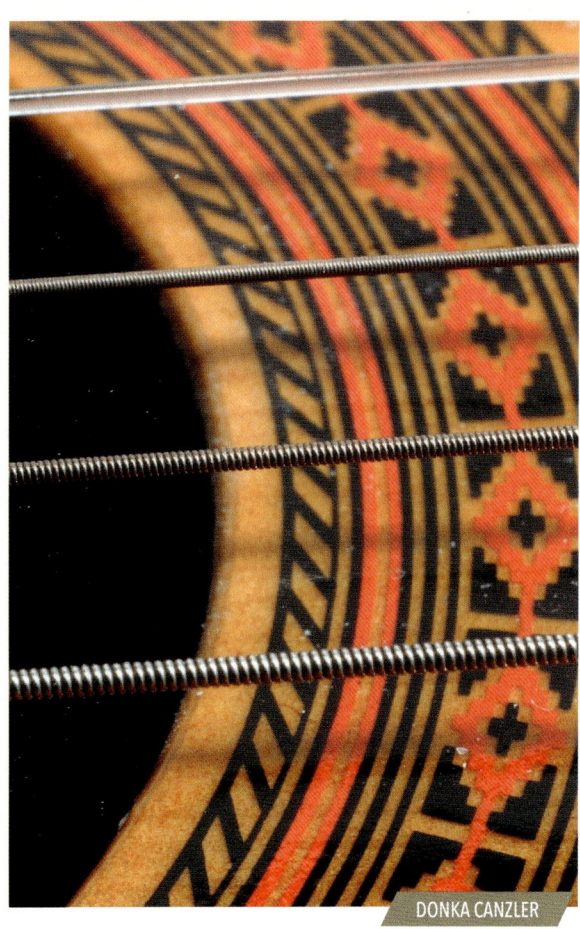

DONKA CANZLER

BRITTA NÄPEL

(* 1966)

PARALYMPISCHE GOLDMEDAILLENGEWINNERIN, REITLEHRERIN, PFERDEWIRTSCHAFTSMEISTERIN

„Es ist nicht dasselbe, aber es ist nicht schlechter geworden."

Zwischen den Weinbergen auf einer Anhöhe über Wonsheim hat das „Zentrum für Therapeutisches Reiten" mit Reithalle und Stallungen seinen Standort. Britta Näpel leitet seit vielen Jahren diese Einrichtung. Eine couragierte Frau, energisch und von angenehmer Distanz. Ihre norddeutsche Prägung hat sich in der lauten rheinhessischen Offenheit nicht verloren.

In Langenhagen bei Hannover geboren, verlebte sie als Jüngste von vier Kindern eine heiterungezwungene Kindheit in der Lüneburger Heide, wo ihr Vater, ein Bundeswehrangehöriger, stationiert gewesen war. An diese Jahre erinnert sie sich gern. Ein idealer Ort für das sportliche Mädchen, das sich immer schon gern im Freien aufgehalten hat.

Wenn es nach dem Willen ihres Vaters gegangen wäre, hätte es damit allerdings ein Ende gehabt. Die Beamtenlaufbahn sollte sie ein-

schlagen. Das Vorhaben ließ sich glücklicherweise nicht realisieren und sie entschied sich für eine dreijährige Ausbildung zur Pferdewirtin. Im Alter von 14 Jahren, und damit relativ spät, hatte sie mit dem Reiten angefangen. Nichtsdestoweniger zeigte sich schon bald ihr Talent in dieser Sportart.

Auf einem Gestüt in der Nähe von Hitzacker im Landkreis Lüchow-Dannenberg begann sie ihre Ausbildung. Eine gute Zeit – bis ein Arbeitsunfall alles veränderte. Das Ergebnis war eine zertrümmerte Kniescheibe, eine langwierige Rekonvaleszenz, unterbrochen von Operationen. In der anstehenden Prüfung musste sie sich weitgehend auf den theoretischen Teil beschränken. Trotz guter Prüfungsleistung war an eine berufliche Zukunft als Pferdewirtin zu diesem Zeitpunkt nicht mehr zu denken.

Es folgte eine Umschulung zur Augenoptikerin. Etwas, was sie niemals in Erwägung gezogen hatte, war jetzt zur Realität geworden. Sie liebte es körperlich zu arbeiten, in der Natur sich zu bewegen und die Tiere zu versorgen. Nun saß sie im künstlichen Licht einer Optikerwerkstatt und wollte unbedingt wieder in ihr Berufsfeld und zum Reitsport zurückkehren.

Mit enormem Kraftaufwand und eisernem Willen sollte ihr dies gelingen. Als Sportlerin gewöhnt Anstrengungen zu ertragen, Schmerzen bis zu einem gewissen Grad zu ignorieren, schien sich alles zum Guten zu wenden. Fort aus der Komfortzone klimatisierter Räume, zurück in die Scheunen, wo sommers die

Hitze im Gebälk nistet, raus auf die Koppel, wenn der Raureif über die Gräser streift. Die Weiterbildung zur Pferdewirtschaftsmeisterin brachte sie in den südlichsten Winkel des Rhein-Main-Gebietes – nach Wonsheim.

1998 geschah das, was ihr ganzes Leben in seinen Grundfesten erschüttern sollte. Eine Verknüpfung unglücklicher Umstände war es. In den Stallungen hinter ihrem Wohnhaus war ein kleiner „Gnadenhof" für ältere Pferde untergebracht. Auch Schwalben fanden darin

Britta Näpel – gekämpft und gewonnen

einen netten Unterschlupf, bauten emsig ihre Nester und schleppten so die Rote Vogelmilbe ein, was den Pferden einen unangenehmen Juckreiz bescherte. Britta Näpel besorgte sich Insektenschutzmittel. Ein großer Boxenputz stand an mit einem von ihr angerührten Substanzencocktail. Die Milben verschwanden – und auch die Schwalben sollten nie wiederkommen. Doch das ahnte sie bei ihrer Reinigungsaktion noch nicht.

Es begann nach ein paar Wochen mit Rückenschmerzen. Es folgten gravierende Beschwerden und diffuse Ausfallerscheinungen. Alles endete in einer spastischen Lähmung, vor allen in den Beinen und im Rumpfbereich. Der Verdacht auf Multiple Sklerose stand im Raum. Eine Diagnose, die erst nach vielen Monaten revidiert werden konnte. Es handelte sich letzthin um eine neurotoxische Vergiftung durch den Umgang mit Insektenschutzmitteln. Die Schäden stellten sich als irreparabel heraus.

Eine schlimme Zeit der Frustration folgte mit dem Wissen, dass nichts mehr so sein würde, wie es gewesen war. Zukunftsängste blieben nicht aus. Doch in der ihr eigenen Haltung kämpfte sie sich aus der vermeintlichen Aussichtslosigkeit heraus, begann 2002 im Rahmen der Hippotherapie wieder mit dem Reiten. Ein hartes Training erwartete sie. Sie musste ihrem Pferd beibringen, Befehle zu ignorieren, die von ihrer Spastik ausgingen. Ihr standen als Hilfsmittel zwei Gerten zur Verfügung, mit denen sie das Pferd durch leichte Berührung anleitete.

Mit Loverboy trat sie bei der Deutschen Meisterschaft 2003 in Lingen an und gewann die Bronzemedaille. Bei diesem Wettkampf wurde auch der Bundestrainer auf sie aufmerksam, und ab da nahm alles einen rasanten Verlauf. Aus der begeisterten Reiterin wurde die Leistungssportlerin, die sich auf die wunderbare Solidarität ihrer Reiterkameradinnen verlassen konnte, welche ihr in der Folgezeit immer wieder geeignete Wettkampfpferde zur Verfügung stellten.

Es war vor allem Loverboy, mit dem sie bei den Paralympischen Spielen den zweiten Rang mit der Mannschaft gewann. 2008 in Hongkong brillierte sie mit Cherubin. Erster Rang im Einzel, dritter Rang in der Einzel-Kür und zweiter Rang mit der Mannschaft. Ein wahrer Medaillenregen. In London 2012 konnte sie mit Aquilina den zweiten Rang im Einzel, den zweiten Rang in der Einzel-Kür und den zweiten Rang mit der Mannschaft erringen.

Eine Erfolgsgeschichte, von der sie sagt: „Es ist nicht dasselbe, aber es ist nicht schlechter geworden." Es ist das Resümee einer Sportlerin, die plötzlich mit einer körperlichen Einschränkung konfrontiert wurde, ein Ereignis, das jeden treffen kann.

Über ihre Zeit als Leistungssportlerin spricht sie durchwegs positiv. Natürlich gab es Reglementierungen, Vorgaben die erfüllt werden mussten, ständige Doping-Kontrollen, doch es war auch eine intensive, abwechslungsreiche Zeit mit großartigen Ereignissen, Erfolgen und Ehrungen. All das hat sie ihrem Sport und ihrer Leistung zu verdanken.

Der Abschied vom Leistungssport vollzog sich langsam. Es fehlte irgendwann das passende Pferd. Dafür hätte sie sehr viel Geld in die Hand nehmen müssen. So konzentriert sie sich heute auf das Unterrichten im therapeutischen Reiten, wobei ihr ihre große Erfahrung im Umgang mit den Pferden zugutekommt.

PARALYMPISCHE REITERINNEN

Starke Frauen, die ihr Schicksal angenommen haben, begegnen uns in den Reihen der paralympischen Reiterinnen, so wie Hannelore „Hanne" Brenner, 1963 in Lüneburg geboren. Sie begann im Alter von zwölf Jahren mit dem Reiten (Vielseitigkeitsprüfungen). Mit 23 Jahren stürzte sie bei einem Tiefsprung, wobei sie unter das sich überschlagende Pferd geriet. Seit diesem Unfall ist sie inkomplett querschnittsgelähmt (sie kann mit Stöcken und Schienen eingeschränkt laufen). Hannelore Brenner kann im Regelsport viele nationale und internationale Erfolge vorweisen. Im Behindertenreitsport ist sie mehrfache paralympische Goldmedaillengewinnerin. Leistungssport und Handicaps schließen sich nicht aus.

SILKE HOTHUM
(* 1978)

TOFUREI UND SOJAFARM HOCH ÜBER DEM RHEIN

„Raus aus der Komfortzone – rein in die Lebensveränderung."

Nicht nur Wein, sondern auch Tofu wird zwischen den Weinbergen von Aspisheim hergestellt

Das Dorf Aspisheim zeigt sich in beschaulicher Heimeligkeit: Hügelland, Weinland, alte Gassen und Hohlwege. Weit ist der Blick. Die aus Bautzen stammende Silke Hothum ist hier seit elf Jahren zu Hause. Die Familie ihres Mannes betreibt ökologischen Weinbau.

Nach dem Abitur studierte sie in Dresden Gartenbau. Das Studium entsprach nicht ganz ihren Erwartungen, da vieles zu sehr auf die industrielle Pflanzenzucht fokussiert war. Sie brachte das Studium dennoch zu Ende, um sich danach im Fach Umweltschutz einzuschreiben. Als Diplom-Ingenieurin für Umweltschutz und Raumordnung verließ sie die Universität.

Viele Jahre war sie danach für ein Stuttgarter Beratungsunternehmen in der Ökobilanzierung tätig. Analysen der Umweltwirkung von Bauprodukten und Verpackungssystemen galt vorrangig ihre Aufmerksamkeit. Eine qualifizierte Arbeit, die in ihrer Abstraktheit dennoch eine Leerstelle hinterließ – etwas wie Sinnhaf-

tigkeit verlor sich in den Umsetzungsmechanismen, den analytischen Betrachtungs- und Berechnungsmöglichkeiten.

Nach zwölf Jahren wusste sie, dass dies beruflich nicht alles gewesen sein konnte – längst entsprach es auch ihrer persönlichen Entwicklung nicht mehr. Es zählte für sie nicht mehr nur das, was sie konnte, sondern auch das, was sie wollte.

Seit Jahren war sie Vegetarierin, jetzt näherte sie sich der veganen Ernährung an – und erhielt gleich viel Gegenwind. Dabei handelte es sich um die logische Fortsetzung einer langen Entwicklung, ist ihr doch das Wohl der Tiere ungemein wichtig. An der Ausbeutung durch den Menschen, dem die Tiere hilflos ausgeliefert sind, wollte sie sich nicht länger beteiligen. Ein Beitrag zur Veränderung dieser Situation war ihre radikale Abkehr von alten Essensgewohnheiten. Gleichzeitig überdachte sie ihre berufliche Situation. Sie machte sich die Entscheidung nicht leicht und schlussendlich spielte auch der Zufall mit. Das Konzept der

Silke Hothum – Tofu aus Überzeugung

Tofurei und Sojafarm im „Paradies" hoch über dem Rhein, überzeugte sie. Sie nahm die neue berufliche Herausforderung an.

Dort oben, in der Nähe der Hartsteinwerke Sooneck, wo Grauwacken gebrochen werden, befindet sich die Tofurei auf dem Gelände des ehemaligen „Schneckenhofes". Früher wurden dort Weinbergschnecken zu Konserven verarbeitet. Dosenschnecken, keine sehr angenehme Vorstellung, aber das gehört in die Vergangenheit.

1987 begann der Vater der heutigen Inhaberin der Tofurei, Katharina de Beijer-Stassen, mit der Tofu-Produktion – ein abenteuerliches Unterfangen auf dem „Schneckenhof" am Rande des Steinbruchs. Doch befand sich vor Ort eine Quelle. Wasser ist neben den von einer Bio-Kooperative in China, an der Grenze zur mongolischen Steppe, importierten Sojabohnen ein wichtiger Standortvorteil. Viel weiches Wasser wird für die Kühlung des gepressten Tofus benötigt und es ist auch selbst Tofu-Bestandteil.

Die Anfänge im „Paradies" wurden von den Einheimischen wenig wohlwollend begleitet. Das Zusammenleben in einer Kommune sprengte die bürgerliche Vorstellungskraft. Es dürften harte Anfangszeiten gewesen sein. Tofu war lange noch nicht im kulinarischen Kanon der Deutschen angekommen. Erst nach den zahlreichen Fleischskandalen setzte ein Umdenken ein. Tofu war eine Alternative. Neben Reformhäusern war die BASF-Kantine in Ludwigshafen der erste Großkunde. Inzwischen hat die Tofurei 15 Mitarbeiter und verarbeitet täglich 1500 Kilo Tofu. Neben weißem Naturtofu gibt es auch vorgewürzte Tofu-Sorten, wie Gemüse-Tofu, Nuss-Tofu, Curry-Tofu Madras und vieles mehr.

Silke Hothum ist für das Marketing und die Kundenbetreuung zuständig. Mit der Vermarktung hatte sich die Tofurei bisher wenig auseinandergesetzt, war ein Geheimtipp, der nicht sonderlich viel Werbung gebrauchte. Das soll sich in Zukunft ändern – mehr Sichtbarkeit ist das Ziel.

Silke Hothum bereut die Veränderung ihrer beruflichen Ausrichtung nicht. Wenn auch sicherlich ökonomische Abstriche zu verzeichnen sind, steht das erzeugte Produkt für sie im Einklang mit ihrer Überzeugung. Sie ist keine Träumerin, keine naive Schwärmerin, sondern eine engagierte und couragierte junge Frau, die in keine Lebensfalle hatte tappen wollen. Der geliebten Natur und deren Geschöpfen erweist sie Respekt.

Sie ist angekommen – nicht nur zwischen den Rebenhügeln von Aspisheim.

Weitere Bücher aus Ihrer Region

Monika Böss
**Dunkle Geschichten
aus Rhein-Main**
80 S., Hardcover
S/w-Bilder

ISBN 978-3-8313-3266-3

Andrea Gunkler
**Echt clever! –
Geniale Erfindungen
aus Hessen**
120 S., Hardcover
zahlr. Farb- und S/w-Bilder

ISBN 978-3-8313-2997-7

Petra Theisen/Heidi Fehrlein
**Das große hessenquiz
mit Jörg Bombach**
252 S., Broschur

ISBN 978-3-8313-2277-0

www.wartberg-verlag.de